高校思想政治教育实践与创新

康晋霞　著

中国纺织出版社有限公司

内 容 提 要

本书主要论述了高校思想政治教育教学新模式的理论与实践，是对思想政治教育课理论教学与实践教学的理念、方法的创新，有效解决了当前高校思想政治教育实践教学依附于理论教学的问题，尤其是在思想政治理论课实践教学层面，提出了卓有成效的实践育人模式。

本书兼具理论性和实践指导性，适合工作在高校思想政治教育一线的教师阅读，也可供我国思想政治教育研究人士参考。

图书在版编目(CIP)数据

高校思想政治教育实践与创新 / 康晋霞著. --北京：中国纺织出版社有限公司，2022.7

ISBN 978-7-5180-9664-0

Ⅰ.①高… Ⅱ.①康… Ⅲ.①高等学校—思想政治教育—研究—中国 Ⅳ.G641

中国版本图书馆 CIP 数据核字(2022)第 120829 号

责任编辑：张　宏　　责任校对：高　涵　　责任印制：储志伟

中国纺织出版社有限公司出版发行

地址：北京市朝阳区百子湾东里 A407 号楼　邮政编码：100124

销售电话：010—67004422　传真：010—87155801

http://www.c-textilep.com

中国纺织出版社天猫旗舰店

官方微博 http://weibo.com/2119887771

北京虎彩文化传播有限公司　各地新华书店经销

2022 年 7 月第 1 版第 1 次印刷

开本：787×1092　1/16　印张：7

字数：207 千字　定价：88.00 元

前　言

“高校思想政治教育实践与创新”这一论题的酝酿由来已久，源于笔者多年来从事思想政治教育理论课教学一线工作的体会与反思。选题的最终确定则是基于硕果频出的国内外思想政治教育模式研究情况，以及国内创新呼吁不断但成效并不明显的思想政治教育理论课教学实践。在此背景下，笔者对高校思想政治教育发展模式提出多种见解，希望以自身的微薄之力推动国内高校思想政治教育在新时代取得更好的成果。

从国外来看，尽管国外大学没有开设专门的思想政治教育课程，但对于相关内容如道德教育模式的理论和实践研究，成果颇丰。在道德教育领域，构建了经典的德育理论模型。比如，从提高道德认知、判断和价值观选择能力角度提出价值辨析模式（拉思斯、哈明，美国）和认知发展模式（皮亚杰、柯尔伯格，美国）；以人本主义心理学为基础，从强调道德情感培育角度提出完美人格模式（里考纳、罗杰斯，美国）和体谅关心模式（麦克菲尔，英国）；以行为主义理论为基础，从强调道德行为角度提出社会行动模式（班杜拉、纽曼，美国）等。

从国内来看，随着全国高校思想政治工作会议的召开，各高校越来越意识到实践与创新在思想政治工作中的重要作用。“做好高校政治工作，要因事而化、因时而进、因时而新。”目前，以模式研究法对高校思想政治教育进行探讨的系列成果相继呈现，主要集中在以下几个方面：①揭示高校思想政治教育传统模式的弊端，对现有模式进行分类研究。②分析环境变化对现代高校思想政治教育的影响，论证模式创新的必要性。③对高校思想政治教育进行多维化的理论分析，触及模式发展的内核问题。

总的来看，现有文献在思想政治教育模式的含义，模式创新的现实必要性、现状、影响因素与障碍、对策方面展开了全面的探讨，但也存在以下缺陷和不足：①研究覆盖面较广，但系统性不强。表现在对思想政治教育各方面都有所覆盖，但整体研究意象迄今还没有建立起来，对思想政治教育创新模式构建的背景、机制、方式、保障等方面缺乏系统性综合研究，研究较为分散。②研究多偏重于实践层面，缺乏深层次的理论支撑。对高校思想政治教育发展现状等实践性问题描述居多，而对其创新模式建构的机理性问题、资源结构以及促进其发展的操作体系没有形成系统化的理论模型。③就研究方法而言，大多数研究或局限于缺乏实证依据的主观描述，或局限于缺乏理论假设的定量分析，或只是将研究的范围囿于一校或一院，将定性研究与定量研究相结合的较为少见。

伴随着新媒体时代的到来以及我国经济转型、文化大众化和多元化的趋势，新时代的大学生思想活动呈现独立性、选择性、多变性、差异性的特点，我国高校思想政治教育背景发生剧烈变化，使之面临空前的挑战和压力。目前高校单一、封闭、平面的传统高校思想政治教育模式已无法满足受教育主体的需求，针对性不强，吸引力不够，实效性不高。本书提出改变传统模式的“封闭性”为“开放性”，“理论性”为“实践性”，“单向型”为“多向型”，“疏放型”为“精致型”，真正建立高校思想政治教育创新机制，其意义在于：第一，有助于突破原有思想政治教育平面化模式的理论局限，丰富思想政治教育的理论体系，为新时期我国思想政治教育改革提供理论依据。第二，有助于突破当前我国高校思想政治教育遭遇的困境，为高校思想政治教育实际工作提供可供借鉴的样式，具有较强的实践意义。第三，对于促进教育学、生态学、心理学、教育技术学的跨学科交叉性研究，实现思想政治教育研究方法创新具有理论价值和学术意义。

本书系 2021 年度教育部人文社会科学研究青年基金项目“后疫情时代高校思政课双线融合教学常态化研究”（项目号 21YJC710031）、2021 年内蒙古高等学校科学研究课题“在线教学新常态下高校思想政治理论课改革创新研究”（项目号 NJSZZX2106）的研究成果之一。

本书在写作过程中，参考和采用了大量的文献资料，在此向其作者表示感谢。由于笔者水平有限，书中必然存在一些遗漏和不妥之处，希望各位读者不吝批评指正。

著 者

2022 年 4 月

目 录

▶第一章

高校思想政治教育开放性教学模式的创新研究

第一节　高校思想政治理论课开放性教学新模式的核心、框架及特点

在新时代背景下，为了进一步增强思想政治理论课教学的针对性和实效性，经过多年的探索和创新，我们构建了“以学生为本”的高校思想政治理论课开放性教学新模式。要深刻理解和自觉推行这一新的教学模式，必须了解和掌握其核心、框架和特点。我们认为“以学生为本”是开放性教学新模式的核心理念。

一、“以学生为本”的教学新理念的基本内涵

树立“以学生为本”的教学新理念，必须深刻研究和把握“以学生为本”的教学新理念的基本内涵。我们应先弄清什么是“本”。这里讲的“本”，不是本体论上讲的本源或本质，而是价值论上讲的根本的“本”。本源的“本”具有先在性。在教学中，不能说先有学生，然后才有教师；也不能说先有教师，然后才有学生。事实上，教师与学生是矛盾的双方，二者同时产生，同时存在，同时发展。教学的本质是教与学辩证统一的活动，也是教学主体（包括教师与学生）的双向互动性活动，不能说教师是教学的本质，也不能说学生是教学的本质。

“以学生为本”的“本”是价值论上所讲的“根本”的“本”。从价值论看来，“根本”是指居于基础性地位、起着决定性作用的因素。在教学中“以学生为本”，就是指应

以学生为根本，把学生看成是教学中起决定作用的因素。在“双主体”中，如果说教师的“教”很重要，那么，学生的“学”则更为重要。学生的“学”是教师的“教”的基础。离开学生的基础性地位，学生的主体性就不能得到真正体现。离开学生的“学”，就会使教师的“教”无法开展，并且毫无价值。应从多层面来考察“以学生为本”的内涵。

（1）从教师与学生在教学中的地位来分析，学生的主体地位比教师的主体地位更为基础。虽然，教师与学生都是教学主体，但学生的主体地位带有基础性。如果把教学比作一座大楼，那么，学生是基础，教师是大楼的顶部。教师的“教”依赖于学生的“学”。没有学生作为大楼的基础，教师的水平即使再高，也不能将大楼建立起来。因此，突出学生的基础地位，有利于克服传统教学模式中降低学生地位的倾向，真正确立学生的主体地位。

“双主体论”虽然承认学生的主体地位，但是不承认学生的“基础”地位，学生的主体地位也就很难真正确立起来。突出学生的主体地位和基础地位，并不是降低教师的主体地位和指导作用。相反，对教师提出更高的要求。因为，突出学生的主体地位和基础地位，要求教师自觉摆正自己的位置，在承认师生平等的前提下，尊重学生的人格与尊严，把学生看成是教师生存与发展的基础。教师应认识到没有学生，就没有教师。离开学生的需要，教师就没有存在的价值。

学生的基础地位还表现在学生是教师开展教学活动的出发点。教师要开展教学活动，必须从学生的实际出发，以满足学生的精神需求。对不同层次的学生，应采用不同的教学方法；不同知识水平的学生，应传授不同层次的教学内容；不同思想素质的学生，应采用不同教育方式；不同性格的学生，应采用不同的教学方法。只有因材施教，才能提高教学质量。

高校思想政治理论课教师的根本任务是培养高素质的人才。这更要求我们在教学中坚持“以学生为本”，把学生看作是教学的基础，把学生的根本利益看作是教学活动的出发点。坚持一切从学生思想的实际出发，使教学内容更贴近学生、贴近生活、贴近实际。这样才能增强思想政治理论课教学的实效性。

（2）从教师与学生在教学过程中的作用方面来分析，学生的作用要比教师的作用更为重要。传统的教学观认为，教师是搞好教学工作的关键。从表面看，教师确实在教学中起着关键性作用。常言道：名师出高徒。教师的教学水平越高，带出来的学生可能水平越高。但是，从本质上看，教师只是外因，学生才是内因。提高教学质量，最根本的原因不在教师，而在学生自身。唯物辩证法认为，内因是事物变化的根本原因，也是首要原因，它决定事物的性质和变化的方向；外因是变化的条件，也是次要原因，它虽然对事物变化起加速或延缓作用，但不能起决定性作用。把这一哲学原理运用于教学过程中，学生是学习主体，是提高教学质量的内因，在教学活动中起决定性作用，是提高学生知识水平的首要的原因。

“名师出高徒”，并不是名师所教的学生都能成为高材生。孔子是古代伟大的教育家，他的弟子有很多，但这些弟子中被尊为贤士的却只有 72 人。事实证明，学生在教学中起着根本性、决定性作用，而教师虽然也起重要作用，但不能起决定性作用。

充分认识学生在教学中的基础性地位和决定性作用，要求教师在教学过程中应坚持“以学生为本”，注重发挥学生的主动性、积极性和创造性。不能片面夸大教师的指导作用，强制要求学生按照教师的意图去学习；而应培养学生的主体精神，并鼓励学生独立思考、自主钻研、努力奋斗，争取把自己培养成为高素质的人才。

强调学生在教学过程中的决定性作用，并不是否定教师在教学中的重要作用。教师是人类灵魂的工程师，因此，调动教师的积极性也十分重要。高校教师作为“教的主体”，其发挥积极作用，不仅能够最大限度地提高教学质量，而且还能直接影响学生的发展质量。教师应引导学生积极参与教学过程，充分发挥学生“学的主体”作用，以促使他们的智力因素和非智力因素均能得到正常的、健康的、和谐的发展，使每一名学生都能较好地完成“三个转化”，即在知识上从少知到多知的转化，在方法上从“学会”到“会学”的转化，在态度上从“要我学”到“我要学”的转化。在促进学生“三个转化”的过程中，教师起着指导和激励的作用，学生起着根本性和决定性作用。只有把教师的指导作用与学生的主体作用有机地结合起来，才能实现上述“三个转化”。

(3) 从教师与学生在教学过程中的相互关系来分析，师生平等互动关系的目的和结果是为了学生。在教学中，教师与学生的关系是平等的。必须克服教师高人一等、凌驾于学生之上的旧观念，应充分认识教师的“教”是为了让学生更好地“学”。教师的“教”是手段，而学生的“学”是目的。教师的教学工作是为了促进学生的学习活动，提高学生的思想知识水平和实践能力。必须树立“一切为了学生，为了一切学生，为了学生的一切”的办学宗旨，全心全意地为广大学生服务。

所谓“一切为了学生”，就是指教师的一切教育教学活动都不是为了自己谋利益，而是为了满足学生的精神文化需求，将学生培养成德智体美全面发展的一代新人。学生是教学的基础性主体，是教学的质量之基、动力之源，也是教学目的之所在。教师是广大学生的勤务员和引路人，教师应当树立为广大学生服务的意识，要把学生满意不满意、赞成不赞成、拥护不拥护、接受不接受作为评价教师教学工作优劣的最高标准。

所谓“为了一切学生”，是指教师的教育教学活动是为了全体学生的健康成长，是为了所教的所有学生服务的，而不是为了一部分学生服务的。有些教师只关心学习成绩优秀的学生的成长，对学习成绩较差的学生漠不关心；有些教师只喜欢对个别成绩优异的学生给予指导，而对一般学生漠不关心；甚至还有个别教师对成绩差的学生带有歧视的眼光。这些现象都违背“为了一切学生”的宗旨。高校教师应当树立学生人人平等的观念。无论贫富贵贱、成绩好坏、基础高低、相貌美丑，都应当一视同仁，平等相待。早在二千多年前，孔子就提出了“有教无类”的思想。今天，我们也应当弘扬“有教无类”的思想，平等地对待所有学生，尽量使每一名学生得到良好的教育服务，也使每一名学生都能健康地成长。

所谓“为了学生的一切”，是指教师的教育教学活动，是为了使学生的德智体美等各方面得到全面发展。因此，必须推动素质教育，摒弃“应试教育”。在高校教育的教学活动中，要克服重智育轻德育、重知识轻能力、重自然科学轻人文科学等倾向，应将德育放在首位，创新教育教学方法，促进学生的全面发展。在高校思想政治理论课教学中，教师不仅应重视马克思主义理论教学，还应重视学生的实践能力和创新能力的培养，把思想教育与知识教育有机结合起来，把课堂教学与课外实践有机结合起来，把科学世界观教育与科学方法论教育有机结合起来，把教书与育人有机结合起来，全面提高学生的思想政治素质和科学文化水平，同时促进学生综合素质的提高。

（4）要深刻认识“以学生为本”教学新理念的现代价值。“以学生为本”的教学新理念是适应当代中国的新情况、新形势而提出来的，它具有十分重要的现实意义。从理论上讲，“以学生为本”的教学新理念是对传统的“以教师为本”的教学观念的摒弃与超越。传统的“以教师为本”的教学观念，把教师看作是教学的根本和关键，从根本上否定学生的主体地位和决定性作用。又或者把教师看成教学活动的主宰力量，或者把教师看成是教学的核心力量，形成“教师支配一切”“一切为了教师”的局面，极大地挫伤学生学习的积极性、主动性和创造性，限制了教学活力，这不利于提高教学质量。而“以学生为本”的教学新理念的提出，从根本上否定“以教师为本”的教学旧观念，第一次确立学生在教学中的主体地位和基础地位，实现教学理念的根本性变革。“以学生为本”的教学新理念是对“以人为本”的科学发展观的贯彻和应用。坚持“以学生为本”，充分体现“以人为本”的精神，反映科学发展观对我国高等教育发展的根本要求，是在教学中贯彻落实科学发展观的需要。因此，从某种意义上讲，“以学生为本”的教学新理念是对“以人为本”的科学发展观的具体运用和发展。从实践上讲，“以学生为本”的教学新理念是深化我国高校教育教学改革，提高教育教学质量的理论依据，它对我国高校教育教学工作具有重要的指导作用。

近年来，我国高校教学改革正在向纵向发展，尤其是思想政治理论课改革已经取得显著成效。各个高校都在探讨思想政治理论课教学的改革问题，创造许多教学新形式、新方法和新手段，在一定程度上调动学生的主动性、积极性和创造性。但是由于不少教师还存在“以我为核心”的传统观念，要求学生机械地按照教师的意图和要求去学习，不尊重学生的主体地位，不相信学生的自主创新能力，导致教学效果不够理想。有些教师没有树立“以学生为本”的新理念，没有看到学生在教学中的决定性作用，不是把满足学生的精神需求作为教学的出发点和根本目的，而是以“听不听话”作为评价学生的重要标准之一。这样使学生的创新能力和主体意识不能得到提高，培养出来的学生只能背记书本上的某些理论词句，而不能自觉地运用、分析和解决现实问题。近年来的教学改革实践充分证明：必须坚持“以学生为本”的教学新理念，才能调动学生学习思想政治理论课的主动性、积极性和创造性，才能增强教学实效性，促进高校思想政治理论课的科学发展，把学生培养成为具有高素质的全面发展的中国特色社会主义事业的合格建设者和可靠接班人。

二、思想政治理论课开放性教学新模式的基本框架

“以学生为本”的高校思想政治理论课开放性教学新模式的内容十分丰富，它是由开放性教学各个方面、开放性教学各个环节、开放性教学各种环境等要素构成的有机整体。

思想政治理论课开放式教学新模式的基本内容包括以下三个层面。

1. 思想政治理论课教学各个方面的开放性

（1）教学主体的开放性。教学主体包括指导主体与学习主体两个方面。教师是指导主体，学生是学习主体。传统的封闭式教学模式，片面地强调教师的主体性，从而忽视学生的主体性，抑制学生学习的积极性、主动性和创造性。“以学生为本”的开放式教学新模式则承认教师与学生的双重主体性，并认为学生的主体地位更为基础，把教师的主导作用与学生的主体作用有机结合起来，有利于提高学生学习的积极性、主动性和创造性。

（2）教学内容的开放性。在传统的封闭式教学模式里，思想政治理论课的教学内容僵化，不能做到与时俱进，理论往往落后于实践，致使教学内容缺乏时代感和现实针对性。而开放式教学新模式要求教学内容必须面向现代化、面向世界、面向未来，紧密关注国内外形势以及党和国家的方针政策的新变化，及时吸收马克思主义中国化的最新理论成果，使教学内容具有时代感和现实性。

（3）教学形式的开放性。传统的封闭性教学模式，往往采用单一的课堂讲授教学形式，缺乏吸引力和感染力。基于“以学生为本”的开放式教学新模式，要求课堂教学与实践教学相结合、校内主课堂与校外第二课堂相结合、“请进来”与“走出去”相结合、教师讲授与学生发言相结合，可采取灵活多样的教学方法和现代化教学手段，均有利于增强教学的吸引力和感染力。

2. 思想政治理论课教学各个环节的开放性

（1）教学准备的开放性。过去由主讲教师单方面进行教学准备，教学计划、教学大纲很难充分反映学生的实际情况。实施开放式教学，要求教师采取问卷调查和座谈会等形式，了解学生的实际情况与学习要求，吸收学生代表参与教学计划和教学大纲的制订中。

（2）教学过程的开放性。鼓励学生提问、发言、演讲或参与辩论，提高学生参与教学过程的主动性和创造性。

（3）教学管理的开放性。吸收学生参与教学管理，形成以学生自我管理为基础，教务部门、思想政治部门、思想政治理论课教学部门齐抓共管的综合管理体系。

（4）考核考试的开放性。建立教师考核与学生自我考核相结合、期末考核与平时考核相结合、理论考试与实践考核相结合、知识考试与能力考核相结合、闭卷考试与开卷考试相结合的综合考核体系。

（5）教学评价的开放性。建立教师自我评价、专家评价、学生评价、社会评价“四结合”的评价体系，以全面评价思想政治理论课教师教学的质量和效果。

3. 思想政治理论课教学各种环境的开放性

"以学生为本"的开放性教学新模式是一个开放性系统，必须创建一个良好的环境，才能增强思想政治理论课的实效性。

（1）要创建一种和谐的国际关系与和谐的国内社会环境，以克服各种不和谐的因素，并为思想政治理论课教学提供良好的社会氛围。

（2）要创建一个健康的校园文化环境，应加强社会主义核心价值体系的宣传，以科学的理论武装人，以正确的舆论引导人，以高尚的精神塑造人，以优秀的作品鼓舞人，为思想政治理论课教学创造健康的校园文化氛围。

（3）创建一个科学的制度环境。加强高校思想政治工作的制度建设，推进弹性学分制，建立有效的激励机制，保证高校思想政治理论课的健康发展。

（4）要营造良好的网络环境。要坚持社会主义核心价值体系，加强网络文化建设和管理；要积极建设思想政治理论课教学信息的资源网站，多渠道开发和运用思想政治理论课教学的信息资源，并坚持教学信息资源的开放性，做到教学信息资源库的共建和共享。

高校思想政治理论课开放性教学新模式就是由上述三大基本要素构成的有机整体。这三大基本要素之间是辩证统一、不可分割的。

三、高校思想政治理论课开放性教学新模式的基本特点

（一）人本性

高校思想政治理论课开放性教学新模式是以马克思主义"人本论"为理论基础的。高校思想政治理论课不同于一般的专业课程，它的主要任务是培养大学生的综合素质，增强大学生的主体性，这就决定它必须坚持马克思主义的"人本论"。有人说，坚持"以人为本"，并不一定必须坚持"以学生为本"；坚持"以教师为本"，也可以说是坚持"以人为本"，因为教师也是人。这就歪曲马克思主义的"人本论"。坚持以人为本，就是应当坚持以教师和学生为本。但是，从马克思主义"人本论"来看，"以人为本"并不是以少数人为本，而是以绝大多数人为本。在高校教学中，教师是少数，而学生则是绝大多数。因此，坚持"以人为本"，在教学中必须"以学生为本"，而不能"以教师为本"。坚持"以学生为本"并是不是否定教师的指导主体作用，如同坚持"以最广大人民群众为本"，并不否认少数领导者、管理者的指导主体作用一样。

（1）高校思想政治理论课开放性教学新模式的人本性。体现在把"以学生为本"作为核心理念。"以学生为本"这一理念是构建高校思想政治理论课开放性教学模式的理论基石，是贯穿这一教学模式的中心线索，是渗透这一教学模式的精神灵魂，是决定这一教学模式性质的精神实质。

（2）高校思想政治理论课开放性教学模式的人本性体现为教学方法的人性化。要求思想政治理论课教师在教学中应关心学生、爱护学生、尊重学生、体贴学生、帮助学生、引

导学生，而不能压制学生，更不能打骂学生、贬低学生和伤害学生。

(3) 高校思想政治理论课开放性教学新模式的人本性还体现在教学目的上是为了满足学生的精神文化需求，以促进学生全面发展。

(二) 科学性

高校思想政治理论课开放性教学新模式具有科学性，它不仅以科学理论为依据，还应以科学实践为基础，并以科学精神为指导，是运用科学方法构建起来的。想要认识思想政治理论课开放性教学新模式的科学性，必须深刻分析这一新的教学模式所反映的科学立场、科学依据、科学体系、科学方法和科学态度。

(1) 高校思想政治理论课开放性教学模式是在坚持科学立场的基础上建构起来的。科学立场，即实事求是的辩证唯物主义立场。它要求我们在思想政治理论课教学中，坚持一切从实际出发，并按客观的教学规律办事，求真务实，做到“不唯书、不唯上，要唯实”。现实世界是开放性的，这就要求我们在高校思想政治理论课教学中也要实施开放性教学。可见开放性教学体现新时代的特点，反映思想政治理论课的特殊规律，做到“合规律性”。

(2) 高校思想政治理论课开放性教学新模式是以科学理论为依据的。马克思主义理论是人类历史上最科学的世界观和方法论，是追求真理、探索真理，揭示客观规律的行动指南。高校思想政治理论课开放性教学新模式就是以马克思主义为理论基础的，马克思主义关于“以人为本”的思想是“以学生为本”这一新的教学理念的哲学基础。离开马克思主义关于“以人为本”的思想，就不可能形成“以学生为本”的教学新理念，也就不可能构建思想政治理论课开放性教学的新模式。高校思想政治理论课开放性教学新模式不仅以马克思主义为理论基础，还批判地吸收了现代西方教学理论中的合理成分。现代西方教学理论，如人本主义教学论、建构主义教学论、研究性教学论、社会观察教学论等都为思想政治理论课教学新模式提供科学的理论依据。

(3) 高校思想政治理论课开放性教学新模式是一个完整的科学体系。它由“一个核心理念”与“三个基本要素”构成，层次清楚，逻辑严密，具有系统整体性特征。创建科学体系特别强调系统整体性。离开系统整体性，就不能成为一个科学体系。高校思想政治理论课开放性教学新模式是一个有机的整体，是“一个核心理念”与“三个基本要素”的有机结合，缺一不可。

(4) 高校思想政治理论课开放性教学新模式采用科学方法。前面提到过，这一教学新模式运用马克思主义的科学方法论。唯物辩证法是分析问题和解决问题的最一般的科学方法论。高校思想政治理论课开放性教学新模式闪烁着唯物辩证法的光辉。这一新的教学模式正确处理教师指导主体与学生学习主体的辩证关系、科学性与人本性的辩证关系、教学管理与人文关怀的辩证关系、校园内部环境与外部环境的辩证关系、传统教学手段与现代教学手段的辩证关系、传承科学文化与创新科学文化的辩证关系、传统思维方式与创新思维方式的辩证关系，充分体现了唯物辩证法的思维方法。除了采用马克思主义的科学方法论外，我们还采用现代科学的方法，如系统科学方法、创新科学方法等。

(5)高校思想政治理论课开放性教学新模式体现了科学态度。所谓科学态度，就是求真务实的态度，它坚持一切按照客观的教学规律办事，树立真理价值取向，力求使这一教学模式符合现代中国高等教育的实际，以达到符合规律性。

(三)和谐性

高校思想政治理论课开放性教学新模式具有和谐性的特点。

(1)它强调教学主体的和谐。教学主体即教师与学生。教师是“教”的主体，学生是“学”的主体。在开放性教学中，教师与学生是完全平等的，教师坚持“以学生为本”，学生对教师十分尊重，师生之间互教互学、相互关心、相互爱护、相互帮助、相互理解，这样就形成和谐的师生关系。只有形成和谐的主体关系，才能有效地开展开放性教学。

(2)它强调教学内容的和谐。每一门课程的教学内容都要体现和谐性，各章节之间既要避免重复性，又要避免矛盾冲突。教材内容与新增教学内容要和谐统一；既要以教材为基础，又要吸收本学科研究的前沿成果，在和谐的基础上实现教学内容创新。

(3)它要求教学方法与手段的和谐。开放性教学的方法是灵活多样的，各种教学方法要协调统一。要做到教师讲授与学生发言的协调统一、理论教学与实践教学的协调统一、专题式讲解与研究型教学的协调统一、课堂理论教学与课外文化活动的协调统一、传统教学手段与现代教学手段的协调统一。通过教学方法与手段的和谐统一，增强思想政治理论课教学的吸引力和感染力，提高教学的艺术性。

(4)它要求教学内容与教学形式之间的和谐。高校思想政治理论课的教学内容十分丰富，不同的教学内容应当采取不同的教学形式。

(5)它要求教学实践与教学环境之间的和谐。思想政治理论课教师要认真研究和分析国际和国内的形势、社会环境、校园环境、网络环境及其对学生的思想影响，调查研究学生和社会公众普遍关注的热点、难点的问题，通过课堂教学有针对性地加以解释，增强教学的现实针对性和实效性。在开放性国内、外的社会环境里，高校思想政治理论课教学也应当采用开放性教学模式，使教学实践与教学环境相协调，并促进思想政治理论课教学的和谐化。

(四)实践性

实践性是马克思主义理论最基本的特征，也是高校思想政治理论课开放性教学新模式最基本的特征。传统的教学理论有一个明显的缺陷，那就是脱离社会实践。在旧的封闭性教学模式中，高校思想政治理论课教学与社会实践相脱节、与社会现实生活相分离，在教学内容上，照搬马克思主义经典著作的某一观点，机械地向学生灌输书本上陈旧的观点，不仅没有把理论与实践相结合，也没有根据社会实践的需求发展马克思主义，从而使教学内容缺乏时代性和现实感。在教学形式上，重理论灌输，轻实践应用；重课堂讲授，轻社会实践；重知识传授，轻能力培养；把课堂理论讲授作为唯一的教学形式。我们倡导的思想政治理论课开放性教学新模式克服传统的封闭性教学模式的上述弊端，坚持理论与实践相结合的原则，体现实践性的特色。

高校思想政治理论课开放性教学新模式的实践性特征，具体表现在以下几个方面。

（1）这一新的教学模式具有实践适应性。任何一种新的教学模式都必须适合新的教学实践的需求，否则，它就缺乏生命力。我们倡导的思想政治理论课开放性教学新模式坚持面向现代化实践的方针，把研究和解决实践中存在的新矛盾、新问题作为教学的主要任务之一，从而适合新时期高校思想政治理论课教学实践的新特点。

（2）这一新的教学模式具有实践创造性。高校思想政治理论课开放性教学新模式是实践创造性的产物。我们总结几十年来高校思想政治理论课教学的实践经验，分析旧的封闭性教学模式的弊端，从而提出了开放性教学新模式。这一新的教学模式不仅是总结教学实践经验而提出来的，而且是在实践应用中不断改进和完善的。

（3）这一新的教学模式具有实践应用性。我们倡导的高校思想政治理论课教学新模式适合目前的高校思想政治理论课教学实践的新特点，符合时代发展的新要求，具有重要的现实应用价值。这一新的教学模式内容丰富、层次清晰、重点突出、方法简明，使人容易理解和掌握，应用起来比较方便，具有很强的可操作性。经实践证明，只要我们思想政治理论课教师认真研究这一模式，不需要花太多的时间就可以掌握和应用它，并能收到较好的教学效果。

第二节　高校思想政治理论课教学内容的开放性

一、结合社会焦点问题，增强教学内容的针对性

（一）教学焦点问题的特点

教学焦点问题不同于一般的教学问题，它具有下列特点。

1. 普遍性

教学焦点问题的普遍性，首先表现为受到教学主体的普遍关注。尤其是教学的热点问题，不仅受到广大教师与学生的普遍关注，还受到社会公众的普遍关注。其次，教学焦点问题的普遍性还表现为涉及教学主体的共同利益。无论是教学热点问题、重点问题，还是难点和疑点问题，都会直接影响教学效果，如果这些教学焦点问题能够得到真正的解决，那么，教学效果就会明显提高，教师与学生均能受益。

2. 根本性

教学焦点问题的根本性，首先表现为在教学内容体系中居于基础性地位。能够成为教学热点或重点问题，往往都是理论或实践的基础性问题，这些热点、重点问题能否得到真

正的解决，直接决定和制约其他教学问题的解决。其次，教学焦点问题的根本性还表现为它是教学内容体系中的关键性环节。抓住教学焦点问题，就等于抓住教学中的关键问题。这些关键问题解决后，学生对教学内容也就可以从根本上掌握。

3. 深层性

教学焦点问题不是一般的表面问题，而是涉及深层次的理论问题或实践问题。有些教学焦点问题是涉及世界观、人生观和价值观的问题；有些教学焦点问题是涉及方法论的问题；有些教学焦点问题是涉及社会制度或体制的问题；有些教学焦点问题是涉及党和国家的基本原则或根本方向的问题；还有些教学焦点问题则是涉及广大人民的根本利益的问题。因此，对于教学焦点问题，必须以马克思主义为指导，开展深入的调查研究，并进行深层次的科学探讨，才能真正地加以解决。

（二）结合社会焦点问题进行思想政治理论课教学的方法选择

1. 专题式教学法

所谓专题式教学法，是指由任课教师在遵守课程教学计划的前提下，把整个教学阶段的教学内容按照一定的标准分成若干部分，然后把每个部分视为一个独立的专题来备课和授课的一种教学方法；对于专题的取舍，既要立足于教材，服务于教学计划，又要立足于学科要点，并适度关注学科前沿问题和时事热点；任何一个专题，都将讲述一个或者几个学科重点问题，其自成体系、独立成篇，一般情况下应在 90 分钟教学时间内完成。专题式教学法具有以下特色。

（1）把小型讲座引入高校思想政治理论课课堂。专题式教学的每次授课，在一定程度上来说都是一个小型讲座。任课老师在课堂上，像学者一样富有逻辑性地将抽象的理论知识具体化和通俗化，并自成体系地表达出来。

（2）开放的体系使教学过程变得更加人性化。专题式教学是个开放的体系，可以较容易地容纳其他教学原则、教学方法和手段。譬如，主体教育理论、研究型或启发式学习理论、案例教学法、提问教学法、多媒体手段等，都能够被专题式教学法作为一种教学手段加以利用，并得以发挥。专题式教学法是个充满个性的教学法，能够鼓励任课教师在授课中做出尝试，在教学中主动采用一些行之有效的教学方法和手段，来弥补教学内容表达相对不足的缺陷。同时，学生也会在此教学法中感觉到尊重、新颖，能够积极地参与教学过程，使教学在一种师生互动的氛围下实现教学相长。

（3）有效促进高校思想政治理论课教材建设。专题式教学法实质上并没有舍弃所选用的教材，而是对所选用教材内容进行了提炼，要求任课教师对要讲授的内容进行取舍，按照一定的标准进行划分，并且要求各个相对独立的专题要独立成篇，专题内部的逻辑性和系统性要强，这个过程本身就是一个创新，能够促进教师专业水平的发展，同时从一定意义上来说，任课教师的讲义就是一本很好的教材。课程在教学过程中起着导向作用，课程改革是教学改革的重点和突破口。专题式教学能够充分调动任课教师进行教材建设的积极性，进而促进、加快思想政治理论课的课程建设和课程体系的优化。

2. 社会实践教学法

社会实践教学法是思想政治理论课教学体系的重要组成部分，是教学过程中一个不可缺少的教学环节。思想政治理论课社会实践教学可通过以下方式进行。

（1）根据课程内容的性质和特点，分门别类地设计社会实践教学的目标、内容、途径和方法。目前，思想政治理论课的课程内容大体可以分为三类：一是马克思主义原理课程；二是马克思主义中国化课程；三是日常思想行为规范课程。这三大类课程的教学内容，既相互联系，又各有特点。因此，其实践教学环节应各有侧重。例如，法律与道德类课程本身就具有很强的实践性，教学中可以根据理论教学的进度，结合大学生的校园生活、校园周围社区情况开展"青年志愿者活动""公民道德建设情况调查""大学生诚信情况调查""校园基础文明情况透视""法律宣传进社区""心理健康知识普及宣传"等社会实践教学活动，在实践中促进学生自我反思和自我教育。

（2）整合学校、社会的教育力量和教学资源，形成思想政治理论课社会实践教学的合力。加强思想政治理论课社会实践教学，单靠思想政治理论课教师的力量是远远不够的，必须调动、利用校内外教育力量和教学资源。要把思想政治理论课实践教学与学生素质拓展计划、暑期社会实践活动、青年志愿者活动、社团活动、专题社会调查和参观考察等结合起来，与学校所在地区可供利用的社会教育资源结合起来，通盘考虑与设计。在此基础上，编制统一的社会实践教学计划与教学方案，整合校内外各种思想政治教育力量和教学资源，逐步做到优势互补、资源共享、分工协作、形成合力。

（3）增加思想政治理论课教师外出参观和社会实践的机会。让教师开阔视野，了解书本以外的世界，通晓改革开放和我国社会主义现代化建设进程中出现的新情况、新问题，以利于在课堂教学中多联系社会焦点问题，把理论讲活，应用在实践教学环节中，同时能科学合理设计和正确指导学生的实践活动，增强教学的时效性。

（4）加强对学生的指导，组织和促成学生积极投身于思想政治理论课实践教学活动。广大学生是思想政治理论课实践教学的主体及受益者，他们的积极参与和密切配合是高校思想政治理论课实践教学取得成效的根本所在。因此，应加强对他们的指导，如指导学生开展社会调查和社会服务，解决遇到的问题等，使他们能够较熟练地掌握相关知识、技能和方法。

（5）建立稳固的高校思想政治理论课教育教学社会实践基地。建设实践基地是开展思想政治理论课实践教学活动的基础性工作，要充分开发和利用当地的人文资源、"红色"教育资源，如历史文化遗址、革命纪念馆、大中型企业等。加强实践基地建设，有利于学生的健康成长。一般说来，思想政治理论课社会实践基地最好选择改革开放以来社会主义现代化建设相对有成就，并对自己的经验有所总结的地区、企业和单位。

3. 探讨式教学法

探讨式教学法是指在教师指导下，学生运用探讨的方法进行学习，主动获取知识、发展能力的一种教学方法。它重在培养学生的创造思维能力，使教师的主导作用和学生的主体作用始终贯穿于课堂教学的全过程。思想政治理论课教学实施探讨式教学法，有助于改革传统教学模式，提高教学效果和人才培养质量。探讨式教学法大体可以分为以下四步：①问题导入。②合作探讨。③启发点拨。④实践论证。

二、结合国内外形势，增强教学内容的时代性

（一）思想政治理论课教学与形势政策教育相结合的必要性

思想政治理论课教学与形势政策相结合，有助于全面提升大学生的思想政治素质；有助于增强思想政治理论课教学的时代感；有助于增强思想政治理论课教学的吸引力。

大学生的心理特征一般表现为求真、求新、求异的心理倾向，他们思维活跃、视野宽广、易于接受新事物、新思想、新文化，因此，应当根据大学生的心理特征，及时吸收国内外思想理论界的最新成果，充实思想政治理论课的教学内容，以激发他们的学习兴趣。高校思想政治理论课结合国内外形势进行教学，可以使教学贴近实际、贴近生活、贴近学生，并增强教学的现实针对性。经实践证明，如果脱离国内外形势而进行思想政治理论课教学，那么，教学内容就会滞后于形势的发展，从而使学生产生厌学情绪，并影响教学效果。

（二）结合国内外形势的教学方法

结合国内外形势进行思想政治理论课教学，关键在于搜集、整理、分析、研究关于国内外形势的信息资料。

1．文献资料研究法

文献资料研究法是可以运用于一切科学研究的常用方法，它是研究思想政治理论课的首要方法。因此，在思想政治理论课教学领域里，善用和活用文献资料研究法是提高思想政治理论课实效性的需要。在运用的过程中，应该做到以下基本要求。

（1）态度严谨，作风求实。做任何科学研究都应有严谨持重、严肃认真的科学态度和求实的作风。只有具备这种态度和作风，研究者才会深入知识的海洋，详尽地占有资料；才会一丝不苟地加工整理材料；才会以百般的毅力，去揭示客观事物的内部联系，并从中找出规律性的东西，从而孜孜不倦地寻求新的科学结论。

（2）资料既要多方积累，又要有效选择。古语说“积学以储宝”，历代治学严谨的有识之士，无不是在搜集和积累资料上下过苦功夫，把有关研究专题一点一滴的知识当财宝一样地储存起来。因此，研究人员应采用各种方法、去积累资料。现代社会的文献资料是浩繁的，而研究人员的精力和时间是有限的，为克服这一矛盾，一般要求有效地选择文献。

（3）材料翔实，引用规范。一切科学研究的资料必须准确而全面，力求翔实，不允许虚假或带有片面性。在应用文献资料研究法的过程中，还要求引用文献的出处要准确和

规范。

（4）资料精制加工，提炼存真。在掌握大量丰富资料后，进一步的提炼工作便是充分运用现代科学的方法，高度发挥人脑这个“高级加工厂”的作用，对资料进行审查鉴别，分析处理，力求做到由表及里，由此及彼，去粗取精，去伪存真，从中探索反映本质特征或带有规律性的结论。这是科学研究关键的一步，也是用文献资料研究法的核心。

2. 网络信息分析法

互联网的普及和充分应用，使得人们以往获取信息资料的方式途径发生重大的变化。作为一个最丰富的信息载体，互联网以其方便、快捷、覆盖面广、时效性强等优点，正在成为一个优秀的信息统计调研工具，网络信息分析作为一种新兴的统计调查方法，也经常应用于思想政治理论课教学。

与传统的信息调研分析方法相比，网络信息分析方法具有以下的特点。

（1）没有时空、地域限制。通过网络进行信息分析，可以快速地在全国甚至全球范围内获得思想政治理论课需要的大量信息资源，这是受区域制约的传统调研方法所不能比的。

（2）网络的交互性使调研省时省力。由于无需借助传统的纸张媒介，也无需派人员访问被调查者，网络信息分析可以节省大量人力和物力，同时问卷的发放和数据的回收速度也大为提高，这使调研活动的周期大为缩短。

（3）网络信息分析的结果有比较高的真实性，数据处理过程更为简化。由于前期的调研是采用被访者自愿填写方式，大大降低因访问员误导或因访问员在场而对敏感性问题（如年龄、收入等）的不真实回答形成的访问偏差。

（4）网络信息分析可以节省大量费用。网络信息分析尤其是调研活动可以节省大量的人力和物力，不论教师或学生是利用本校的网站开展信息调研分析活动，还是利用其他的网站进行信息调研分析活动，其每个样本的平均费用也比传统的调研分析方法要低，甚至不需要费用。

3. 社会调查研究法

社会调查研究法是有目的、有计划、有系统地搜集有关研究对象的社会现实状况或历史状况材料的一种方法。

（1）基本类型。社会调查研究的基本类型有典型调研、重点调研、抽样调研和个案调研。

（2）一般程序。社会调查研究工作的具体程序，大体可分五个相关联的步骤：①确定调研课题。②设计调研方案。③收集资料。④整理与分析资料。⑤撰写调查研究报告。

（3）课题选择。

1）正确选择调研课题，需要考虑的因素。①选择有能力完成的课题。人们常说尺有所短，寸有所长，每个人都有自己的长处和不足。在选择课题时，要扬长避短，量力而行，根据自己研究能力的高低，选择难易程度合适的课题。②选择有兴趣完成的课题。兴趣，作为构成个性的一个重要心理特征，也是选择课题时不可忽视的因素。因为兴趣可以促使人们去克服一切困难；兴趣可以调动研究者心理活动的积极性，容易在大脑皮层形成相应的优势兴奋中心，从而为思维的飞跃、灵感的出现做好准备。③选择有条件完成的课题。条件制约着一切事物的存在、变化和发展，任何一项活动的进行和完成，都要具备各种必要条件为前提和保证。例如，是否有足够的时间、足够的参考资料，有关单位的配合程度等，都是在选择课题时必须重视的外部条件。

2）选题的范围与内容。①选择与教学内容相关的、社会上普遍关注的热门话题。②选择与教学内容相关的、在学术观点上有争议的课题。③选择与教学内容相关的、具有前瞻性与探索性的课题。④选择与教学内容相关的、总结实践经验的课题。

3）选题宜小不宜大。

切忌选题过于宽泛，大而无当。要“小题目做大文章”，专谈 1 ~ 2 个问题，谈深了就好。

（三）结合国内外形势进行思想政治理论课教学的方法选择

1. 案例教学法

案例教学法是指将案例引入课堂环节，以实例的形式向学生提供若干特定的情节和事实，并引导学生综合运用所学的理论知识进行思考和讨论，以提高学生运用理论分析解决实际问题能力的一种教学方法。案例教学法能够充分发挥学生在教学过程中的主体地位，可调动其学习主动性、积极性，并加深学生对思想政治理论课基本理论的理解，从而提高学生运用理论分析、解决问题的能力。案例教学的具体实施可按以下步骤进行：①教师课前精选案例。②学生课前讨论案例。③教师课上点拨案例。④学生课后点评案例。

2. 辩论教学法

辩论教学法要达到预期的效果，教师的组织工作非常重要。一般情况下，教师要做好以下几个方面的工作。

（1）教师应要求同学们在课余时间进行必要的资料收集。

（2）教师要精心备好课，并在备课的过程中尽可能地预见学生在辩论中可能会提出的各种问题。

（3）教师要做好辩论过程的宏观控制工作。学生之间的辩论是精彩的、激烈的，但也往往是带有感情色彩的。并且在辩论的过程中，往往会出现逐渐偏离主题的现象。因此，在同学们辩论的过程中，教师切不可置身事外。教师应事先设计出辩论的发展过程，并尽可能使同学们的辩论沿着这个方向发展。这就要求教师要密切关注辩论的发展过程，并适时参与进去。

（4）教师要做好辩论后的内容总结工作。

（5）教师应采取适当的激励措施。

（6）教师要尽可能设计出多样化的辩论形式，以体现出新意。

3. 学生演讲教学法

学生演讲教学法就是指学生在教师指导下，以演讲的方式参与到教学中来，进而使其思想认识和表达能力得到提高的一种教学方法。

从理论上看，学生以演讲方式参与教学中，具有十分重要的意义。主要表现在以下几方面。

（1）有利于学生多种能力和意识的培养。

（2）有利于促进学生由教育客体向教育主体的转变。

（3）有利于教师了解学生，并增强教学的针对性。

（4）有利于促进学生由被动学习转向主动学习。

（5）有利于激发学生参与教学的热情，改变教学只是教师“一言堂”的尴尬局面。

演讲教学法在思想政治理论课中的运用，其主要做法是在每次课开始正式上新内容前，利用10～15分钟时间，给3～5名学生每人3～5分钟上台演讲，演讲的主题既可以是命题演讲，也可以是即兴演讲。

三、结合理论前沿，增强教学内容的先进性

结合理论前沿指的是马克思主义理论前沿，尤其是马克思主义中国化理论前沿。就是指对马克思主义认识上的理论突破和创新。其内涵主要表现为四个层次：①认识马克思主义视角和方法的创新。②马克思主义理论的原创，即在马克思主义发展史上第一次提出新观点、新理论。③运用马克思主义某些原理，在以往认知成果的基础上针对新的实际进一步发挥原来的理论、观点。④根据新的条件通过对原来的理论、观点、论断进行补充、修改和完善，提出具有新意的理论。理论前沿一般具有时代性、实践性、继承与发展的统一性等特点。

结合理论前沿进行思想政治理论课教学，不仅有助于增强教学内容的先进性，还有助于提高教师与学生的理论水平，同时也有助于培养学生的创新能力。

第三节　高校思想政治理论课教学方法、手段的开放性

一、高校思想政治理论课教学开放性的必要性

（1）传统的思想政治理论课教学方法存在一些弊端，必须走开放性教学之路；

（2）思想政治理论课教学必须坚持理论与实践相结合，并朝向开放性发展；

（3）在网络信息化的环境下，高校思想政治理论课教育要直面挑战，积极应对。

二、高校思想政治理论课教学方法的改革趋势

科技的发展和社会的进步，不仅要求高校思想政治教育理论课教学内容的与时俱进，还要求教学方法的不断改革。从改革实践看，高校思想政治理论课教学方法发展趋势总体而言，可概括几点：①由“注入式”逐步转向启发式。②由“单向式”逐步转向“互动式”。③由“单一式”逐步转向“多样化”。

另外，在继续深化高校思想政治理论课教学方法改革的实践中，不仅要保持上述发展方向，还必须遵循实事求是、教学并重、兼收并蓄等原则。

三、高校思想政治理论课开放性教学方法实例

（一）启发教学法

合理运用启发教学法有利于营造和谐的课堂气氛，还有利于发挥教师的主导作用和学生的主体能动性。在实际的高校思想政治理论课教学过程中，教师应该注意语言的艺术运用、问题的合理设置和案例的适当选择。

1. 语言的艺术运用

教学语言艺术可以说是启发教学法实施的第一要素。那么，提高思想政治理论课教学中语言的艺术应当注意以下几个方面。

（1）发音标准。说好普通话是对教师的基本要求。高校思想政治理论课教师的教学语言要符合现代汉语发音规范，这是实现语言艺术的基础。教师要发音准确、口齿清晰，能用纯正的普通话教学，从而准确传达教学信息。

（2）概念明确。高校思想政治理论具有科学性，讲解这些理论必须使用准确、清晰、真切的言辞。具体表现为课堂用语的专业性和对概念阐述的准确性，切不可含糊其词，似是而非。

（3）生动幽默。幽默的教学语言要紧扣教学目的，紧扣教学内容，要具有启发性和教育意义。

（4）情感浓郁。高校思想政治理论课教师的教学语言应当具有情感色彩，以情感人。教师不能以权威压制学生，而应以充满强烈情感色彩的语言来征服学生。这就要求教师语言必须具备浓郁的情感，既不可平淡死板，也不可声嘶力竭。

2. 问题的合理设置

教师在备课时要摸清学生存在的共性问题和实际需求，精心设计难易度适中、符合学生认识规律的疑难问题，教学中适当地运用提问等手段，牢牢抓住学生的注意力，激发学生的学习兴趣，引导学生沿着正确的逻辑思路积极思考，求得问题答案，完成教学任务。

高校思想政治理论课教师必须注意这样几个方面。

（1）设置的问题能达到提高学生学习的兴趣和求知欲望的目的。

（2）问题设置要遵循学生的认识规律，注意知识之间的内在联系。

（3）要注意问题设置技巧。教师要尽可能有意地制造认知过程中的障碍，如故意“误导”、正反立论等，使学生在迂回曲折、历经坎坷的多向错误结论后获取知识。

3. 案例的恰当选择

案例的选择必须做到以下几点。

（1）案例应具有客观真实性。所举事例必须尊重客观事实，具有科学依据、比喻恰当、用词合理、表达完整。只有客观真实的事例，才能使学生触景生情，受到启发，积极地思考。

（2）事例要有典型性。也就是说所举事例要最能集中地反映和揭示事物的本质，能使学生通过事例理解例子所要论证的基本概念和基本原理。教师应积累一批经典性案例，并不断更新案例。

（3）事例要有启发性。所举事例不仅是为了说明和论证理论，因而它必须寓理于事，能启发学生思维，激发学生学习动机和兴趣。简单原理加案例的教学依然是建立在忽视学生主体性基础上的，真正意义上的启发教学应该是从具体事例中提炼出带有普遍性的关键性问题，在学生思考的过程中运用相关理论进行深入细致的分析，最终达到学生顺理成章接受理论的目的。

（二）互动教学法

互动教学法包括以下几种形式：师生互动、生生互动、社会互动和与媒体互动。互动教学法有利于调动师生参与教学的积极性，教师主导施教，学生主动学习，从而收到良好的教学效果。但这种教学方法的实施必须注意以下几个方面。

（1）过硬的教师素质是有效运用互动式教学法的根本保障。互动式教学法在课堂上的组织实施，需要教师准确地把握学生的接受能力和配合意愿。学生作为教学的认知主体，其知识水平和创新能力处于不断完善不断发展的过程中。因此，应充分认识到学生知识体系的不完备性，注重加强教师的主导作用。

（2）良好的教学环境是有效运用互动式教学法的重要保障。教学环境是影响学生学习兴趣的一个重要因素。学生如果在紧张、压抑的课堂环境中学习，如再遇到学习过程中的一些障碍，其学习兴趣会荡然无存。

（3）完善的组织管理是有效运用互动式教学法的制度保障。高等学校要充分发挥学生思想政治教育主阵地、主课堂、主渠道的作用。要把思想政治教育摆在学校各项工作的首位，贯穿于教育教学的全过程。要建立和完善党委统一领导、党政齐抓共管、专兼职队伍相结合、全校紧密配合、学生自我教育的领导体制和工作机制。完善的组织管理是实现思想政治理论课教学互动的制度保障，它要求学校教学管理部门和思想政治理论课教学部门各司其职，使教学的目的、要求、内容、方法、手段和组织形式等都明确下来，并有效实施。

（三）情境教学法

对于情境教学法在思想政治理论课教学中的运用，应该注意以下几点。

（1）要加强教学内容与现实生活之间的联系。情境设置必须根据教学要求来定，既不能使情境设置偏离教学内容，也不能使教学内容成为单纯的理论说教。

（2）力求教学任务与学生认知能力相符。情境的设置必须适合学生认知能力和认知规律，素材是学生熟悉而又感兴趣的事物。

（3）要注意情境设置的科学性。不仅保持情境与社会发展的主体价值趋向的一致性，而且在实施过程中必须以教师为主导，以学生为主体。这就要求高校思想政治理论课教师必须具备以下几方面的素质：①广博的专业知识和丰富的社会知识。②较强的课堂组织能力。③把握学生心理特点的能力。

（四）形象教学法

形象教学法融入思想政治教育，能增强思想政治教育的直观形象性、感染力和艺术性，具有重要的现实意义。然而，在思想政治教育中运用形象教学法时也应注意一些问题。

（1）形象教学法的形式应随着时代的进步不断创新。在新媒体时代，为适应教育发展的客观要求，形象教育者必须深入学习、熟练掌握、灵活运用新媒体教学方式，甚至创新现代的教学形式。

（2）形象教学法具体形式的运用要注意针对性和灵活性。一方面，教育者应注意教育的针对性，可根据对象的不同，选择不同的方法。思想政治教育的目的是解决人的思想问题，而人的思想问题是多种多样的。与此同时，不同的个体由于品质、个性、兴趣、爱好以及其他生理和心理等方面的差异，呈现出各自不同的特色。人们思想状况的复杂性，决定我们在运用形象教学法进行思想政治教育时，要针对不同的对象，根据不同的问题，灵活地选择合适的教学形式。

（3）形象教学法实施者要注意自身良好形象的塑造。教育者在教育过程中起着主导作用，其自身形象的好坏，直接影响着思想政治教育的效果。换句话说，一个教育者自身完美的形象，是对受教育者进行形象教育不可或缺的要素。因此，教育者要注意自身形象的塑造，其中包括良好的道德形象、丰富的学识形象、出众的教育形象和绝妙的艺术形象等。

其中，教育者艺术形象的塑造主要包括语言艺术、方法艺术和手段艺术等方面。这就要求教育者：首先，要有准确、严密、生动、形象、幽默的声音语言和丰富的肢体语言；其次，坚持“教学有法而无定法”的基本原则，因人、因地、因事、因时去整合和创造，并灵活地、艺术地运用多种教学方法，使受教育者得到道德的熏陶、艺术的感染和知识的启迪；最后，必须注重教学手段的艺术，科学合理选择以及运用现代教学手段，尤其是综合运用幻灯片、投影、录音、计算机，使用图文声并茂、动静结合的多媒体教学手段和方便快捷、寓教于乐的网络教学手段。

总之，在教育过程中，教育者要善于运用直观的教具，给学以形象展示；创设感染性的情景，给人以美感；营造艺术性的氛围，给人以享受，从而将抽象空洞的说教转化为具体可感的形象，展现高校思想政治课教学方法的开放性，提高高校思想政治教育的实效性。

（五）多媒体教学

多媒体教学具有直观、形象、生动、刺激等优势，它能激发学生的学习兴趣，提高课堂教学效率。但必须合理、有效地运用多媒体教学手段，提高多媒体教学的艺术性。

（1）多媒体课件设计的艺术。要提高多媒体课件设计的艺术性，必须做到以下几点。①坚持科学性。首先，设计思路不能违背认知规律。多媒体教学课件的制作在内容上必须保证准确、严密，表述要严谨，引用资料要正确，总体设计必须符合认知规律。多媒体设计必须与学习内容和认识结构有相容性和一致性，才能攻克教学难点，提高教学效率。如合理地使用色彩和声音有利于教师强调重点，提高学生的注意力。选择浅色背景、深色文字能够获得较好的视觉效果；而选用深色背景、浅色文字则可以产生庄重、神秘的感觉，容易引起学生的重视。其次，设计形式不能盲目多样化。应合理安排文字、图形、动画、声音的比例，一个课件中不能盲目把“文、图、形、声、光、色、动”等表现形式全部集于一体，这样的课件会给学生眼花缭乱、头昏脑涨的感觉。特别是那些零乱刺眼的色彩、与教学毫不相干的怪异的声音贯穿于整个课件，只会起到喧宾夺主的作用，扰乱学生的正常视听，分散学生的注意力，转移学生的学习兴趣，导致学生根本无法正常接受知识。最后，设计内容不能容量过大。在内容的取舍上要突出重点，强调难点，这些内容采用多媒体教学比较好。若设计的内容超量，结果可能会适得其反，使学生失去新鲜感和兴趣，思维出现疲劳，同时影响教学效果。因此，文字叙述不要过多，要有的放矢，文字表达应尽量做到清晰、简练，并根据具体情况合理安排文字、图形、动画及声音的比例，对难以理解的地方采用动画、图形、表格等形式进行讲解。②加强实用性。首先，在界面的创意上，应以实用、简洁为原则，恰到好处地突出表现力，以激发学生的学习兴趣。如过于动听的声音、美妙的图画及绚丽的色彩可能更多的是吸引学生对这些声、光、色、动画等刺激信息本身的欣赏和关注，学生注意力仅仅停留在表面的感官刺激，而忽视对其深层次内涵的把握与理解。其次，在课件的控制和切换方面，也应力求直观、方便和灵活。最后，应链接一定量的思考题。教师对教学重点、难点的分析以及详细的例题和习题一般通过组建一个较完整的试题库（有课件中讲解的内容和某些内容相关的题）将其链接起来，并在课堂上安排一定的时间让学生参与思考、讨论，这样有助于调节课堂气氛和提高教学效果。另外，学生也可以拷贝的电子课件，在课后进行系统复习。③兼顾艺术性。首先，根据教学内容选择适当的文字颜色和文字在屏幕上的位置，文字不能过密，要适中。应注意文字的艺术效果，字体要清晰、美观，要注意色彩搭配协调，既有悦目美感，又能减轻阅读难度。其次，图形、色彩配搭应合理，不同版面之间的颜色差别不应太大，颜色反差和明暗对比不宜太强。一般性内容与重点、难点内容的颜色与深浅应有所区别，便于学生学习。

（2）多媒体课件选择的艺术。①依据教学目的和任务选择多媒体。在使用多媒体教学手段时，必须具体问题具体分析，不能不分目的、不分内容地“一刀切”，一味去追求多媒体。重点的教材，就尽量突出重点内容；而难点教材，就可选择一些变抽象为具体、变静为动、变复杂为简单的课件，转难为易等。②依据学生的身心特点选择多媒体。心理学研究表明，大脑皮层长时间处于兴奋状态容易使身心疲倦，使用多媒体教学一方面能调动学生的注意力，激发学习兴趣；另一方面，如长时间使用，也易造成疲劳，或注意力不集中。因此，在选择多媒体时，一定要坚持适度原则，勿多勿滥。③依据不同的学科和课型选择多媒体。选择多媒体也要把握好“尺寸”，针对不同的学科和课型，选择不同的多媒体，这样才能起到辅助教学的作用，真正发挥多媒体的功能。

（3）多媒体课件操作的艺术。首先，控制课件切换与播放速度。进行多媒体教学时，教师应掌握好课件内容切换与播放速度。切换与播放速度太快，使学生没有思考的空间和时间，理解就不深刻、不透彻。反之，显得教学节奏松散，不紧凑，浪费时间，会造成学生的情绪涣散。这就需要教师熟悉教材、课件本身和学生实际情况，确定合适的切换与播放速度。其次，合理组合各种教学手段。仅仅依靠课件演示，不一定能使学生形成概念，还必须进行对比、讨论、分析、归纳和总结。多媒体教学应与语言表达、课堂讨论等教学手段结合起来使用。最后，正确定位教师的角色。课件不能代替教师的肢体语言，也不能管理课堂，还不能显示教师的人格魅力，更不能实现课堂上的师生交流。因此，教师的角色应正确定位，不能仅仅充当鼠标“点击者”的角色，应是“点拨者”的角色，应实现课件与教师两者的最优化组合。

（六）网络教学

网络教学的基本原则主要有以下几点。

（1）网络教学必须坚持“三结合”原则——结合学科、结合学生和结合社会实际。毋庸讳言，网络技术有其独特优势，但它毕竟只是一种教学手段，而教学手段必须为教学目的服务，不能脱离教学内容而单独起作用，必须立足于具体的教学内容，服务于整个教学过程。

（2）网络教学必须坚持民主平等原则。现代教育是以人为本的教育，网络教学要尊重学生的主体地位和主体人格，坚持以人为本，激发学生主体参与的积极性，并培养学生自主学习，采取灵活的教学方式，突破传统课堂的限制，体现多层次与多样性，以指导学生个性化学习。

（3）网络教学必须坚持系统性原则。网络教学必须体现系统性，建立各层次联系和多向交流互动，利用网络功能来优化教学资源配置，构建开放型的教学方式，做到全程育人、全员育人、全方位育人。教师应要注意多种教学手段的相互结合，同时应重视网上阵地，加强网络建设。

（4）网络教学必须坚持时效性原则。网络信息更新很快，传输便捷，这给网络教学提供了便利。因此，网络教学必须充分利用网络的时空便捷性、开放性等特点，突出时效性。教师必须及时运用国内外最新形势动态，用最新的信息刺激学生。提高学生的学习兴趣，与时代同步，让理论鲜活。

(5) 网络教学必须坚持适度性原则。网络技术不是万能的，它只是一种辅助教学的工具，网络教学必须避免简单地运用网络对学生进行“狂轰滥炸”，应坚持适度、实用、高效原则，正确处理好目的和手段的关系，不能见物不见人、以机代人。应以人为主、以机为辅，最终达到人机协作、高度和谐的目的。应协调好书本教材、音像教材、网络教材的使用。教学素材要生动形象、图文并茂、贴近生活热点；文字要言简意赅，满足教学需求。还要考虑教学各个环节的具体特点，找准与教学内容、教学方法的最佳结合点，用适当的网络教学“画龙点睛”，为开放式教学服务。

第四节　高校思想政治理论课教学管理的开放性

高校要培养符合社会发展需求，具有现代创新精神的高素质人才，科学的教学管理是不可缺少的前提。在构建高校思想政治理论课开放性教学模式中要做到教学管理的开放性就必须实现“三化”目标，即教学管理民主化、科学化和规范化。

一、教育管理民主化

（一）内涵

高校教学管理民主化是指在高校的教学管理活动中，在充分肯定个人价值和全面挖掘个体潜力的基础上，充分信任并积极吸引全体教学管理人员和学生参与教学管理活动；在发挥全员聪明才智的基础上，群策群力、集思广益，以期取得最佳的管理效果。

（二）特点

1. 管理主体的群众性

教师和管理人员在高校的教学管理中占有主体地位，民主化的思想政治理论课教学管理是教师和管理人员共同参与的过程，在教学管理的各个环节，最大限度地调动广大师生和学校有关部门、院系及教学管理人员的积极性，充分发挥每位教学管理主体的智慧与才能，让更多的人共同参与思想政治理论课的教学管理，为学生的自我实现、师生快乐工作和学习创造广阔的发展空间，达到自我教育、自我管理、自我评价的目的。首先，在规章制度上确立有关各方的参与权利。其次，为各方有效参与教学管理活动提供必要的资讯，使他们能够尽可能正确地对某些问题，趋势做出判断，并采取合适的行动。最后，建立一个畅通的沟通和协商的渠道，以便及时解决教学管理活动中出现的冲突或矛盾，以保证正常的教学及管理工作的开展。

2. 管理关系的平等性

高校民主化的教学管理是以教学管理人员自主性的确立和发挥为条件的。在学校中，管理人员、教师和学生只是角色分工不同，每个人在人格上是平等的，所以我们要把教师和学生作为学校的主人，树立他们既是管理对象，又是管理主体的观念，让教师和学生在理解的基础上接受管理并参与到其中，努力营造一个尊重人平等的管理氛围。各级领导应重视教学管理人员的意见和需求，做好服务工作；充分发挥专家、教授在教学管理方面的积极作用，吸引优秀人才参与学校管理。教学管理人员要积极配合教师的教学工作，尽量满足教师提出的合理要求；教学管理人员之间要加强沟通和了解，加强工作中的相互协调和配合。教师既要尊重学生的个性，又要理解学生的合理要求，做到不损害学生的合法利益。师生间要平等相待、相互尊重，给学生一个自由表达、自主参与的空间，不仅要激发学生积极的求知欲，还要深刻地影响学生智力和个性发展，激发学生的创新意识。

3. 管理宗旨的服务性

现行的教学管理制度将学生作为受教育的对象，教师及管理者常常是以一种高高在上的姿态出现，教学管理民主化要求在管理的同时还要融入服务意识，教师不再是高高在上的管理者，而是弯下腰去为学生提供服务的教育服务者。学生不仅是受教育的对象，还是需要受尊重的教育服务对象。学校在课程体系设置、教师质量要求等方面应该满足学生求知、求实、开阔视野的需求。在教学管理中，强化服务意识，坚持以人为本，把服务管理理念渗透到教育工作的各个环节，最大限度地发挥人的主观能动性，使以人为核心的各类教育资源得到最优配置，获得最佳的管理效益。管理者应将学生作为高校教育改革的重要参与者，在决策过程中尊重他们的意见，考虑他们的需求，维护他们的利益，并为学生的学习与发展提供良好的条件，最终依靠学生自己来管理和发展自己。

4. 管理方法的人性化

以往的教学管理者习惯于凭经验和凭感觉办事，将学生视为客体，也视为施加影响的对象，注重规范的灌输、观念的形成以及习惯的培养，强调管理和制度建设，认为“管、卡、压”就能解决一切问题，整个教育过程忽略人性，忽略人与人之间情感交流，忽略人的情感需求。高校教学民主化管理是以人为中心的人性化管理，它以重视人的情感、尊重人格独立和个人尊严为前提，顺应人性的发展规律和要求，关注学生、教职工的需求，调动其积极性，激发其主人翁意识和责任感，发挥他们的主观能动性和创造精神，使他们能真正做到心情舒畅，实现师生自我管理，构建一种人性化、高效化的管理模式。在教学活动中，要保证那些发表不同意见的人不受到打击、歧视或责备，利用各种机会，促进不同意见之间的充分交流和对话，从而达到最大可能的理解。要创造条件，促使教学管理人员既看到自己观点的价值，也能看到他人观点的意义，并重视共同合作的力量。

（三）实现路径

1. 大力倡导民主管理理念

思想是行为的先导，要践行民主化的高校思想政治理论课教学管理就必须以民主化管理的思想为先导。要大力倡导民主管理理念，培育民主精神。①通过学习，使教学管理者对民主有正确的认识和深刻的理解，帮助高校教学管理人员形成积极的民主态度、责任和信念，使民主管理思想深入人心，化为公众的自觉。②高校要善于营造民主氛围和环境，用于进行民主管理，提高教学管理人员对民主管理制度的认同度。③要发挥教学管理者的自主性，做民主管理思想的宣传者、探索者和实践者，以实际行动宣传民主管理思想。只有提高高校管理人员的民主素质，才能促进教学管理民主化的形成和完善。

2. 进一步完善教学管理制度

没有规矩不成方圆，制度是保证。制度建设是一件非常重要的工作。建设一套合理的、进步的、科学的、合乎思想政治理论教学发展规律的、有生命力的、为广大师生所拥护的教学管理制度，是教学管理中一项不可缺少的任务。高校教学管理的民主化必然要以一系列科学规范的教学管理规章制度为重要基础。建立在这一重要基础上的民主管理才是最有价值的民主管理，否则便是无理无据、空洞虚假的民主管理。民主不等于放任随便，民主管理不能违背学校的管理制度，必须以遵循学校的规章制度为基础。民主化的高校教学管理需要有完善的高校教学管理制度来约束，而完善的高校教学管理制度体系将有助于促进和实现更高层次和水平的高校教学管理民主化。只有高校教学管理运行机制的民主行为规范形成规章制度，教学管理民主化才能体现权威性的价值理念，并获得制度保障，才能从理想走向现实，从应然走向实然。应根据教学管理民主化的特点进行分析，找出其区别于传统教学管理的地方，根据合法性、合理性、完整性和可操作性的原则，以规范化、标准化、科学化为目标，制订各项规章制度。高校教学管理民主化只有以法律程序的形式表现出来，才能在高校教学管理的民主实践中得以完善，不断丰富其内涵，提升其意义。虽然民主管理受到约束，需要在制度的框框下进行，但不等于机械管理。不能把制度看成是约束师生的法宝，而是要使它成为促进师生发挥自己创造力的有效手段，要营造管理者与被管理者的平等氛围，充分调动被管理者的积极性，参与学校的管理。科学的管理模式要让民主发挥作用，激起广大师生与管理人员的兴趣和参与的热情，并让他们参与决策。只有这样实施民主决策，才能让广大师生员工乐于接受。

3. 实施教学管理的全面监督

衡量民主管理的力度，必须看其是否有健全的民主监督机制。要落实教学的民主管理，监督是关键。制度再好、再全面，如果不能贯彻落实，就如同虚设。因此，要加强教学民主管理的全面监督。①在管理人员内部实行自我监督，内部监督是最根本的监督，内生性监督相对于外部监督、上级监督更有力、更有效。自我监督可以增强教师和教学管理人员的民主意识和责任意识。②学生从外部监督，学生对教学管理进行监督，有着积极的、不可替代的作用，既可以调动学生的积极性，增加学生对教师的了解，又能鼓励教师克服自己的不足，提高教学水平。③增强思想政治理论教学管理工作的透明度，能达到管理者与被管理者心理沟通的目的，既保障被管理者的民主权利，也能使管理者的工作始终处于群众的监督当中，避免管理工作中的失误。因此，只有广大师生真正行使民主权利，才能使学校管理走上民主化道路。

二、教学管理科学化

（一）内涵

现代社会对人才提出新的要求：高素质、复合型。高校应根据社会的发展及时调整专业设置，改革教学内容和教学方法，高校思想政治理论课的教学管理也要根据教学规律和人才培养模式的改变相应地进行调整，使教学管理趋于科学化。高校教学管理科学化的基本内涵，可以从四个层面来理解。首先，依据是客观规律。其次，核心是量化管理，这既包括对学生的量化管理，又包括对教师的量化管理。对学生实行量化积分管理，促进学生自我完善；对教师建立量化听课、评课制度，学校坚持校、院（部）、教研室三级听课制度，评出 A、B、C 三级教师，奖励 A 级，对 C 级则令其停止教学，限期学习提高。再次，目标是提高效率。最后，方法应该是统筹兼顾。

（二）实现路径

1．宣传普及科学管理思想

在高等教育快速发展的新形势下，科学管理思想的宣传普及显得尤为重要。利用新闻宣传做好高校的科学管理思想的宣传普及是做好高校思想政治教育宣传工作的重要途径。高校新闻宣传工作通过充分利用校报、电视、广播、网络等传媒资源，紧密围绕高校思想政治教育，为高校思想政治教育的改革与发展提供精神动力、思想保证和舆论支持，在高校的思想政治教育和改革发展事业中发挥着独特且重要的载体、引导、沟通、激励、监督等作用，使广大师生统一思想、理顺情绪和凝聚力量，充分发挥和调动其积极性和创造性，以达到“内聚人心，外塑形象”的目的。

2．制订科学的教学管理文件

教育理论研究和教学实践的发展推动大学教育观念的变革，涌现许多新的教育、教学管理理念，形成新的管理观、质量观、学生观和教师观。特别是素质教育、创新教育、终身教育、主体教育、以人为本等新的思想和新的观念的形成和成熟，要求高等教育教学管理制度着力体现这些新的思想和理念。我国高等教育“跨越式”的大发展，使得大学的布局和内部结构发生较大得变化，多校区、多校园大学相继增多。学分制的推行，使得传统班级的影响力和凝聚力日益减退，学生社团组织的影响力在不断增大。随着校与校之间联合办学的推进，大学“教学联合体”“教学共同体”也随之出现，各大学的学生可以选修其他学校的课程，各大学也承认学生跨校学习获得的学分。由此，单独一所大学对大学生的发展的意义不会和过去一样重要。大学生正从“学习个体”向“学习群体”过渡。高等教育教学管理制度需要与时俱进，也需要体现刚柔相济的原则。高等教育教学管理制度的制订，要着力体现“以人为本”的理念，着重解决增强院系教学管理的活力、增强管理制度的弹性、强化管理制度的服务内涵等问题，逐步真正的形成学校统筹协调、院系管理为主、师生自主发展、服务体系健全的教学管理新机制。

3. 掌握科学的教学管理方法

实行教考分离也是实现教学管理科学化的管理方法之一。所谓教考分离，就是教师只负责授课环节，不负责所教课程的考试与阅卷工作。教考分离要求教师必须严格按照教学大纲组织教学，学生也必须全面掌握所学课程的内容，通过教考分离，充分调动教与学的积极性，从而达到真正提高教学质量的目的。教考分离制度操作严格规范，也是目前完善考试制度、提高考试可信度的一项有效措施。

4. 科学评价教学管理效果

思想政治理论课教学具有不同于自然科学课程教学和一般的社会科学课程教学的特点，思想政治理论课教学评价也就与自然科学和一般的社会科学课程教学评价不同。从评价体系的具体表现来看，思想政治理论课教学评价体系的目的、内容、功能都具有鲜明的政治导向性。思想政治理论课教学的目的在于使学生在掌握马克思主义理论的基础上，能够正确地运用这个理论去解决中国特色社会主义建设中的实际问题。因此，思想政治理论课教学评价也应该侧重在学生对于马克思主义理论应用能力的评价。高校思想政治理论课教学的价值既包括青年学生个体和群体发展的价值，又包括对经济、政治、文化以及社会发展的价值；既包括教师的教和学生的学所具有的价值，又包括教学方案、教学过程、教学方法、教学手段、教学管理、教学效果所具有的价值。因此，必须对高校教学管理的价值进行全面的评价。

三、教学管理规范化

目前许多高校在教学管理规范化方面仍存在着不足，突出表现在以下几个方面：两级管理体制中，两级教学管理的职能认识不充分，学校的管理权力过于集中，院系管理活力不足；各类教学管理规章制度建设不完善，或有制度，但执行不规范；教学质量监控和评价体系不完善，缺乏实效性和客观性；教学管理队伍的专业化不强，现代化教学管理手段的实际应用能力不足。教学管理必须与时俱进，符合时代特点，适应高校教育教学管理改革的需求，切实提高管理效率，进一步健全有关规章制度，使教学管理更加规范化，这是促进教学质量提高的关键，也是增强教学管理在新形势下适应性的必要前提。同时，对于实行两级管理的高校来说，制订一套完善的教学管理规章制度，实行教学管理规范化，是促进整个院校教学秩序正常运行和保证教学质量的重要环节。

（一）特点

1. 合法性

新的大学教学管理制度要着力体现“以人为本”的理念。坚持“以人为本”，在学校管理中包括“以教师为本”和“以学生为本”两种理念。其中，坚持“以教师为本”的制度建设理念，必然强调确保教师在教学管理中的核心地位和中坚作用，保障其相应的权力和权益。但是，仅仅这样还不够。“以教师为本”还要求保障广大教师在教学管理上的发言权、知情权、决断权。因此，大学的教学管理制度应体现出对教师的劳动成果、对教师的价值和尊严、对教师应有的权力和权益的尊重与保护。坚持“以学生为本”的制度建设理念，要求把大学生作为教育和管理的主体，尊重其独立性和自主性，要保证学生基本的学习自由，还要保障与学习自由相关的各项权利，切实维护广大学生的各种利益。大学教学管理制度既要保障学校正常的教学秩序，又要维护学生正当合法的权益，体现法治的基本原则，实现教学管理制度符合法律要求与符合教育规律的统一。

（1）要把管理者与学生之间的关系设定为法律上的权利与义务关系。从教学管理角度讲，大学生的权利应当包括学习方面的选择权、相关教学决策的参与权、相关教学信息的知情权、相关管理制度执行的监督权、相关违规违纪处理的申诉权等多个方面。这些基本权利应当在教学管理制度中得以体现。

（2）应注意清理落后的大学教学管理规章制度。我国大学教学管理制度与国家法制建设相比，显得有些滞后。某些本来应当废止的规定仍在执行。要对大学现行的各种教学管理制度进行认真清理，凡是与国家法律、法规和其他规范性文件相抵触的制度或条款，一定要及时加以废除。在此基础上，建立并完善与上位法一致的教学管理制度。

（3）应规范大学生违反校规、校纪时的处理程序。大学依法制定教学管理制度，并依据制度对违纪学生进行处理，这是大学维护教学秩序、实现管理目标的重要手段。但是，从保护学生合法权利来看，学生如果受到学校的处罚，当事人应当有权就争议事项向学校提起申诉；如果申诉有理有据，学校应予以采纳。在当前时代背景下，大学教学管理制度应当渗透旨在维护学生权益的“权利本位”精神，确保“犯规”的学生不因申诉而被加重处分，以保障学生的合法权益。

2. 正规性

高等院校思想政治理论课教学管理规范化建设，应重视教学管理的正规性。具体来说主要有以下几个方面的工作。首先，确定培养目标。这是制订教学计划的前提条件，培养目标的确定必须遵循国家教育方针，符合社会对人才的要求，体现出对学生全面发展的要求，彰显不同层次的培养特色。其次，制订教学计划。教学计划的制订过程是将培养目标具体化的过程，既要依据教学目标制订教学原则，又要依据客观规律制订人才的培养方案；既要充分考虑课程的结构，又要充分考虑课程的理论知识；既要充分考虑社会发展的需求，又要充分考虑人才培养周期对人才培养超前性的要求。同时还应该充分考虑教学计划的独特性，以提升课程的实效性和吸引力。

3. 严肃性

在思想政治理论课教学管理中，实行教学管理的规范化是对事不对人的一项管理，无论是谁，只要违反教学纪律，都应同等对待，不应袒护。这样，既能维护教学管理规范的严肃性，又能充分调动教师的教学积极性，以期不断提高教学水平。应树立在制度面前人人平等的思想，杜绝教学管理中的特殊化现象，做到奖罚分明，维护教学管理制度的权威性。

（二）实现教学管理规范化的路径选择

1. 教学法规的宣传普及

从高等教育的角度来看，在高校开设思想政治理论课是社会主义高等教育的根本要求，是党的教育方针的具体体现，涉及培养什么人、为谁培养人这一根本问题。因此，必须大力加强教学法规的宣传普及，使每个教职员工树立法制意识，严格遵守思想政治理论课的规章制度，促进教学管理的规范化。

2. 教学管理制度的制定与完善

高校的教学管理工作只有建立健全的教学规章制度，才能为教学管理的规范化运作提供有力的制度保障。只有健全教学管理制度，管理才有章可循，管理质量和水平才能提高。我们应该认识到：教学文件是基础健全的教学管理规章制度的关键，同时，还要做到“有法必依”，严格执行教学管理规章制度。

3. 教学管理制度的执行与监督

教学管理是学校管理的核心环节之一，其基本任务和最终目标是为了教学质量的提高。建立运行有效的质量监控和评价体系是提高教学质量的有效手段。

现代教育评价理论认为：教学质量评价的目的是“不在乎证明，而在于改进”。因此，有效、合理的课堂教学质量评价不仅应该鉴定教学质量情况，还应该提供反馈信息，促进教学质量进一步提高。经过“学生评教”和“同行互评”，建立较为完善的教学评价体系，可以有效避免对教师教学水平评价的片面性和主观性，也使校领导能够及时、准确、全面地了解全校的教学现状。对于教学管理人员和教辅人员，也可以借鉴教学质量评价体系，制订一套评价指标体系，在各院（系）、部自行开展评价，在各院（系）、部之间开展同行互评。这不仅可以避免由于教师对其工作性质及职能不了解而导致盲目性评价，同时也能使各院（系）、部及学校层面全面地了解教学管理人员的情况，更重要的是让教学管理人员了解自身的不足与缺陷，及时加以弥补和改进。

4. 重视教学管理队伍建设，实现教学管理人员的专业化

教学管理是高校一切管理工作的核心，教学管理人员素质的高低，在管理质量和管理水平中起着决定因素。学校教学管理部门应经常开展教学管理人员基本技能和业务知识的

培训，提高教学管理人员的管理水平。同时，教学管理人员也应加强现代管理学、心理学、教育学等方面知识的学习，以利于更好、更顺利地开展教学管理工作。随着信息技术的迅猛发展和计算机在各个领域的广泛应用，现代化的管理手段直接影响着教学管理的时效性，对于教学管理人员来讲，应不断提高计算机的运用和操作水平以适应时代发展的需求。

教学管理工作具有延续性和规范性的特点，因此从事教学管理的人员队伍应具有一定的稳定性。教学管理事务繁杂，导致教学管理人员终日忙于具体事务，使他们的实践经验多而理论知识的充实较少，从而难以提高教学管理水平。压力偏大、聘任岗位低、职称晋升难等问题的出现造成教学管理队伍的不稳定。对此，学校应构建相应的激励体系和切实有效的考核、奖惩制度，使工作成果与物质利益挂钩；应增强感情投资，主要通过精神鼓励，同时辅以经济手段，有效地调动各种积极因素，使高校要素功能充分发挥，从而起到稳定教学管理人员的作用。

第五节　高校思想政治理论课教学评价体系的开放性

评价是依据一定的标准、准则所进行的一种价值判断。教学评价是根据一定的教学目标和价值标准，运用科学的评价手段和方式，对教学活动的诸多因素及其发展变化进行的评价。它是一项不断地发现、判断和提升教学价值的活动，是完整的教学过程不可分割的重要组成部分。教学评价是在事实的基础上进行的，其强烈的实践指向性对高校教学活动具有明显的导向作用。评价观念和手段是先进还是落后，评价标准是否符合时代发展的要求，不仅直接影响评价结果的正确性，还会影响评价对教师和学生发展的积极作用。滞后的教学评价观念将会误导具体的教学实践活动，从而影响师生的健康发展。

长期以来，高校思想政治理论课教学评价中存在着一些不足，严重地阻碍学生主体精神和教师创造性的发挥，具体表现为：在评价功能上过于注重评价的管理性功能而忽视其教育功能，过于重视对结果和认知的评价而忽视对过程及情感态度评价；在评价目标设计上过于注重对结果的评价，忽视差异、变化和发展；在评价手段上过于强调量化手段，导致把学生“物化”的倾向；在评价方法和评价主体方面存在着封闭性和单一性的倾向等。显然，这种教学评价体系已不能适应课程改革和现代教育发展的要求。实施开放性教学模式，建立体现双向性和互动性、开放性和多元性、动态性和开放性等特点的新的教学评价体系意义重大。

高校思想政治理论课开放性评价是形成性教学评价的衍生与深化，它在教育创新理念的指向与思想政治理论课改革的驱动中生成新内涵与外延，同时也确定自身的发展取向。它依托于开放性评价的理论基础与基本理念，以思想政治理论课的特点和教学内容为目的、课程理念与目标为轴心，以关注学生思维发展历程、促成教师综合素质发展为动因而彰显出其基本走向。

一、高校思想政治理论课开放性教学评价的基本特点

开放性教学评价对高校思想政治理论课开放性教学实施起着重要的导向和质量监控作用，从而规范教学活动。从开放性教学评价的实现过程看，主要有以下特征。

（一）导向性

这是开放性教学评价的本质体现，是指通过评价确立教育者的开放性的教学观念，努力培育学生的潜能，保护学生的个性，为学生未来的发展提供思想品德、智慧能力、方法技能的保证。这一特征不是一般意义上的导向，而是对学生可持续发展教育的导向。高校思想政治理论课开放性教学评价的导向性主要体现在两个方面。一是评价标准应体现当前教育发展的趋势，应体现全面和谐发展的培养目标，即培养具有良好品格、实践能力和创新精神、较强的适应社会的能力的人。二是评价标准应体现现代教学观，体现以学生个性发展为本的发展观；在教学过程中重视活动和交往的观念；尊重学生个性独特性的差异观等。

（二）指令性

指令性是开放性教学评价的权威性的体现。任何一种评价都是一种标准，也都是一道无声的命令，评价的内容不只是外在的，也不只是口头上需要内化的，而是必须无条件需要内化的；评价的过程就是调控行为者的过程；评价的结果就是要求行为者必须以评价指标为自己的行为指标。思想政治理论课开放性教学的评价就在于，要求思想政治理论课教学必须而且只能组织开放性教学，并为学生的发展负责，从而统一教学思想，规范教学行为，优化教学效果。

（三）有效性

高校思想政治理论课开放性教学评价的有效性在很大程度上取决于评价标准的有效性。评价的有效性是评价活动得以顺利进行的基本要求。评价标准的有效性就是指确立的标准符合思想政治理论课评价的特点，能够体现现代课程评价的内在要求，并被从事具体课程评价的人员所认可。因此，评价标准的有效性要求做到：①反映既定的教学目的。②体现思想政治理论课评价内在的规律。③体现思想政治理论课评价自身丰富多样的个性，使课程评价焕发生命活力。

（四）全面性

全面性是高校思想政治理论课开放性教学评价的内容要求，是指开放性教学评价的内容指标是全面的，若从学科角度看，有两类内容：一类是学生，主要有学生的思想、品行、情感、价值、方法，能力被开发、引导到什么程度，是否有助于学生的发展；另一类是教师，主要有教学思想、教学智慧、教学精神及教学方法，在学生发展问题上被运用多

少，影响多大，从而提供广阔的教与学的空间。

（五）开放性

高校思想政治理论课开放性教学评价本身是一个很复杂的系统，具有极为丰富的内涵，对课程进行评价不可能用一个整齐划一的标准来框定教师和学生的行为，一个标准不可能涵盖众多复杂的教学行为，因此现代课程评价标准应该具有开放性。这样不仅为评价者在评价过程中具体掌握的标准留有一定的余地，也应具体情况具体分析，更为重要的是它为教师和学生留有广阔的创造空间。因此，应打破“教师中心、知识中心、书本中心、应试中心”的片面评价体系，评价内容由记忆评价转化为理解评价。由知识评价转化为知能并重、智德并重、知行并重的全面素质评价；评价方法由总结性评价让位于形成性评价，由单一的书面考试评价让位于考试、考核和考查相结合，口试、笔试相结合，开卷、闭卷相结合等全方位多形式并举的评价机制；评价标准变分数制为等级制，由重视结果变为既重视结果更重视过程，变重视答案的一致性为重视结论的创造性；评价主体由教师评价让位于师生民主评价，自评、互评、组评、师评综合评价相结合；评价观念变同步为异步评价，以形成评价观念、内容、主体、方法、标准相互联系、协调统一的开放性评价机制。

（六）激励性

激励性是就高校思想政治理论课开放性教学评价的作用而言的。一般来说，教学评价有两个向度，一是肯定向度，一是否定向度。但不论哪一种向度其作用都是以激励为主，当一个人被肯定后，得到正向的体验，获得正向反思性的激励；当一个人被否定后，得到负向的体验，获得负向反思性的激励。而高校思想政治理论课开放性教学评价的激励，主要是通过评价营造积极发展的氛围，鼓励学生自觉加强思想政治修养，勇于锻炼自己、发展个性，不断超越自己，做别人没做的事，做别人没想到的事，做别人不会做的事，同时鼓励教师不断创造出新的开放性教学思想、理论、活动，从而丰富思想政治理论课开放性教学。

二、高校思想政治理论课开放性教学评价的基本要求

（一）考核方式的多样性

1. 闭卷考试与开卷考试相结合

为张扬学生个性与特长，变“适应教育的学生”为“寻找适应学生的教育”，改变高校思想政治教育理论教学严肃甚至训人的旧面貌。在开放式教学模式中，改革考试制度，实行闭卷考试和开卷考试相结合的考试方式，引导学生充分认识到当今时代知识改变命运、能力造就未来的重要性，从而要求学生在牢固树立掌握所学知识的同时，并能够自如地驾驭所学知识，提高创新能力。转变学生的学习方式，尊重学生在学习过程中的独特体验，积极倡导自主、合作、探究的学习方式，考察学生分析解决问题的能力，这恰恰弥补

传统教学的不足。

2. 期末考试与平时考核相结合

传统的教学评价，着重对结果的评价，忽视对过程的评价。学生完成学业，思想政治素质的发展，各种能力的提高，都要经历一定的过程，因此，评价必须坚持发展的原则，注重形成性评价。评价过程要动态化，不仅应关注结果，更应注重学生成长发展的过程，从学生学习、成长的各阶段入手，综观全过程，要着重学生能力的提高、行为的变化。通过形成性评价，及时反馈各种信息，调整教学，促使学生不断发展。总结性评价应建立在形成性评价的基础上，两者有机地结合起来，促进学生良好思维品质的形成、解决问题的能力和创新精神的提高。

在思想政治理论课开放性教学评价中，把形成性评价和总结性评价结合起来的考核方式主要体现在期末考试与平时考核相结合。平时考核注重学生的学习态度、学习兴趣、学习积极性的把握。包括考勤、纪律、课堂练习、课堂提问、小测验、课后作业、读书笔记等。期末考核采用闭卷、开卷、口试等多种方式，注重学生对知识点、知识面的把握和对重大理论和实践问题的分析与解决能力。

3. 理论考试与实践考核相结合

采用理论考试与实践考核相结合的考核方式，注重学生理论联系实际的能力和将知识转化为能力的过程。在理论考试的基础上，加强对学生的实践考核，主要包括案例分析、课堂讨论、时政论坛、课外学术沙龙等。一是要求学生关注国内外重要时事，每天都要听广播、看报纸、上网看新闻，还要在课上、课下进行交流讨论，甚至辩论，这无疑是最好的实践教学形式，达到理解、应用、拓展知识的目的；二是每学期组织大型专题讨论至少1~2次，写小论文，结果计入学生总成绩；三是每一门课程拿出1~2章内容留给学生自学，教师事先提出自学的要求和任务，然后在专门的时间让学生以讲课的方式汇报自学过程和效果，在这中间，学生2人一组，或讲或评，结束后全体学生再互评、谈感想，最后教师再跟学生交流在领会知识和当教师两个方面的体会；四是在校园网上开设“时政论坛”，结合国际时事政治热点，由2~3位学生自己确定论题，收集背景资料，准备发言提纲，并以多媒体形式，穿插文字、图片、图表、视频等表现形式为大家播报，中间有学生和教师的提问；五是每个学期安排一次社会实践活动，引导学生学会理论结合实际，提高运用马克思主义理论解决实际问题的能力。

4. 知识考核与能力考核相结合

课程评价既要坚持目标多元化的原则，重视学生理论知识掌握、创新精神和各种能力的发展、良好的心理素质的形成，更要突出思想政治素质的评价，全面、客观地记录描述学生思想政治素质的发展情况，关注学生情感、态度、价值观和实际行为的变化。思想政治理论课开放性评价要强调给予学生激励，促进学生不断地进步，使评价成为学生全面发展的动力。一方面，应尊重学生智力潜能的差异，尊重学生发展的个性化，帮助学生挖掘潜能，提高能力；另一方面，对学生的各种能力（如学习能力、理解能力、表达能力、与他人沟通合作能力，收集筛选多种社会信息、辨析社会现象、透视社会问题等）都要用发展的眼光、从积极的方面给予充分地肯定，客观地评价，激励学生的发展。

（二）考核主体的开放性

现代教育理念中的高校课堂教学评价是一种开放性的评价，其评价主体是多元和立体的，应包括直接参与教学的教师和学生、领导和同行、骨干和专家等。在评价主体方面，确立多元主体的评价制度，克服传统评价中评价主体的单一。

1．教师考核与学生自我考核相结合

“评价是教学的指挥棒。”传统课堂教学中的评价都是教师一锤定音，这极大地挫伤学生学习的积极性。新的评价观强调学生既是评价的对象，又是评价的主体，应采取多种形式调动学生的积极性，培养学生的自我评价意识，创造条件为学生提供自我评价的机会，提高学生自我评价的能力。因此，必须改单向评价模式为双向评价模式。在高校思想政治理论课教学开放性教学评价中，强调学生自评、互评的重要作用。教学是为学生的发展服务的，教师不仅要评价学生的学业成绩，学生也要评价教师的教学态度和教学水平。教师日常教学情况怎样，是否适合学生，学生最有评价权。学生通过自我评价，找出自己的优点和不足，明确今后努力的方向；同学互评，可以使学生互相了解他人的长处和自己的短处，互相激励，共同进步，同时也发挥集体对学生成长的促进作用；教师和家长从不同的角度全面、科学地进行评价，主要是对学生给予鼓励。评价主体的多元化，使评价全面、真实，更好地发挥评价可促进学生和教学发展的功能。因此，在思想政治理论课开放性教学模式中，不仅重视教师对学生学习的评价，也要重视引导学生进行自评和互评。通过教师考核与学生自我考核相结合，对学生变“教”为导，引导学生构建自己的学习体系，成为学习的主人。建立以教师考核为主、学生自我考核为辅的考核评价体系，可以形成教师与学生相互促进的长效机制。

2．从教考统一（任课教师考核）过渡到教考分离（非任课教师考核）

传统思想政治理论课程考核一般采用教考统一的方式，课程的任教、命题考试、评卷全部由任课教师包办到底。这种考核形式存在的问题主要有：考试形式单一，难以客观、全面地评价教学效果，降低教学反馈信息的可信度；容易诱发部分教师课堂教学、出卷及评分的主观随意性；阻碍学生学习积极性的提高，使部分学生寄托于教师考前复习的“透明度”；阅卷过程中因评卷教师主观性太强，对学生最终的考试成绩的评定会造成误差。

这些问题致使考试具有很大的随意性和主观性，不能真实地反映出教与学的水平，当然也难以发挥出考试的作用和功能；对教师教学产生极大的冲击，直接影响教学的质量。

改革考试制度，实施教考分离，有利于强化命题的严肃性、保证试题质量，避免由任课教师独立包办命题而可能出现的随意性；增强阅卷评分的公正性；增加考试成绩的可比性；有利于促进良好教风、学风的形成，加强素质教育、开发学生的创造性思维。诚然，也不能片面夸大教考分离的作用。就教考分离这种形式而言，它的直接作用在于防止教师教学的随意性，调动学生学习的自觉性、积极性，发挥学生在教学中的主体作用。并非所有课程都适合采用教考分离的考试方式，这一方式比较适合于教材较稳定的传统学科和基础课程。对于专业基础课程，因其教材比较稳定，基础性、理论性强，发展已趋于成熟，而且这些课程直接影响到学生后续课程的学习，故可采用教考分离的考核方式。而对于一些新兴学科、边缘学科、研究性课程，因其不断有新观点、新成果，教师必须不断把这些新的内容教授给学生，才能让学生掌握到最新的知识，因此，这些课程就不宜采用教考分离的考试方式。总之，应根据各门课程的特点采用相应的考试方式，而不是盲目地全部实行教考分离的考试方式。

3. 任课教师考核与班主任、辅导员考核相结合

班主任、辅导员是高校教师队伍的重要组成部分，是高等学校教师和管理队伍的重要组成部分，具有教师和干部的双重身份，是高校从事德育工作，开展大学生思想政治教育的主要力量，是大学生健康成长的指导者和引路人。在思想政治理论课开放性教学评价中，应该充分发挥班主任和学生辅导员的作用。在学生思想政治理论课成绩考核中，应将任课教师考核与班主任、辅导员考核相结合，全面考核学生的思想政治素质，提高评价的真实性和准确性，更加全面地评价学生。

（三）教学评价的开放性

开放性的教学评价要求在对学生的评价方面，应从甄别式的评价转向开放性的评价，既要关注学生的学习结果，更要关注他们的学习过程；既要关注学生的学习水平，又要关注他们在活动中表现出来的情感与态度。评价应反映学生学习的成绩和进步，并激励学生的学习，帮助学生认识到自己在学习策略、思维或习惯上的长处与不足，认识自我，树立信心，真正体验到成功和进步。在思想政治理论课开放性教学评价中，对教师的教学评价应采用教师自评与专家评价相结合、督导团评价与学生评价相结合以及高校评价与社会评价相结合等方式。

1. 教师自评与专家评价相结合

教师是思想政治理论教学的主导力量和直接责任者，毫无疑问是高校思想政治理论课教学评价的主体。在开展形成性评价时，必须发挥教师的主观能动性，使课堂教学评价成为教师的一种自发行为——可由教师本人去组织评价者、收集信息、处理信息，并把评价结果直接用于总结的教育教学行为。教师应发挥其主体作用，还应表现在其参与高校思想政治理论课教学评价方案的制订。教师参与评价方案制订的过程，也是教师转变教育观念、提高自身素质的过程。同时，让教师参与评价方案的制订还可有效地消除教师对教学评价的抵触情绪。通过重视教师的自我反思与自我评价和重视教师之间的对话与学生、家长等多主体的评价。初步建立起以教师自评为主，同时配合其他评价主体的评价，特别要发挥教学专家作用，把教师自评与专家评价结合起来，从而形成专家引领、教师自我反

思、学生信息反馈等多主体评价制度，使教师从多种渠道获得教学信息，以不断提高教学水平。

2. 督导团评价与学生评价相结合

教学督导团一般由治学严谨、有较深学术造诣、热爱学校、毕生忠诚于党的教育事业的退休教授，有较丰富管理经验和较高教学水平、在教学和教学管理第一线工作的教授和教学院长（系主任）等组成。教学督导团在师生中有较高的威望，看问题比较客观，又有权威性。以教学督导为主要模式的高等学校自主式教学督导，已经成为保障教学质量的一项重要的制度，在维护教学质量、规范教学秩序等方面起到职能管理部门不可替代的作用。一些教师反映，课堂教学督导虽然使他们倍感压力，但是，对他们提高教学质量的意识，将主要精力集中到课堂教学中，并规范自己的课堂教学活动，确实产生积极的作用。在思想政治理论课开放性教学评价中，要充分发挥教学督导的作用，以帮助教师提高教学水平，同时保证教学质量。

课堂教学是师生共同进行的活动。现代教育理论认为，学生是教学的主体，是教学活动的直接参与者，他们对教师的教学有着最直接的感受和判断。学生评教是教师成长的“绿色通道”。在强化学生自主管理的基础上，每学期都应开展学生评教的活动，提高学生对学校管理和教育教学的参与意识，使学生真正成为教学的主体，不断完善学校的教学质量监控机制，了解和监督教师授课，帮助教师克服授课中存在的不足，并提高教育教学质量，同时为教师的业务考核提供依据。让学生参与评教，避免单纯由学校领导对教师进行评价的做法，拓宽教师评价的渠道，对于促进教师改进工作态度、提高工作效率等方面具有重要作用。学生评价教师教学，只代表学生一方面的意见，因学生的学识能力等因素存在很多局限性。学生评价结果只能作为评价教师教学的依据之一，也只作为教师改进教学的主要依据，而不是衡量教师教学水平的主要依据。因此在思想政治理论课教学中，还必须将督导团评价与学生评价有机结合起来，客观公正地评价教师的教学工作，以激励教师自觉提高教学水平。

3. 高校评价与社会评价相结合

在思想政治理论课开放性教学评价中，除了教师自我评价外，还必须发挥学校与社会评价的作用。学校教学管理者、同事、学生及其家长等都是教师教学工作共同体中的一员，让他们从不同角度和立场来观察和评价教师的表现，为教师的教学评价提供丰富有用的信息。对教师来说，这些观察者的知觉和评判是帮助自己成长的宝贵财富。教师应虚心听取他们对自己教学的看法、意见和建议，并积极调整自己的教学行为，同时不断提高教学质量。

第二章

高校思想政治理论课新媒体思维教学创新研究

第一节 新媒体对高校思想政治教育的影响

新媒体作为当代最具有革命性的科技成果之一，以一种全新的信息传播方式加速思想政治教育的知识传播，更好地满足思想政治教育者和受教育者之间双向互动的需求，不断地推动着思想政治教育，并不断地发展和完善；新媒体也使高校思想政治教育面临着严峻的挑战，新时期高校思想政治教育创新势在必行。

一、新媒体时代给高校思想政治教育带来新的机遇

（一）新媒体的开放性促进思想政治教育资源的共享

新媒体时代各种信息传媒层出不穷，它的超大信息量，使思想政治教育内容丰富而全面，具有更多的客观性和可选择性。同时，新媒体的即时性克服传统媒体信息传递时效性比较差的缺点，使思想政治教育工作者可以在第一时间内把信息资源通过专门的网站、网页、电子邮件等传递到网络空间，供学生浏览、学习，大大提高教育和工作的效率。

新媒体的不断发展，使思想政治教育内容的形态从平面化走向立体化，由静态变为动态，从现实走向网络。思想政治教育工作者可以通过面对面的形式，也可以通过手机媒体、网络媒体与学生进行交流、沟通。大家都处在一个虚拟的世界中，彼此既熟悉又陌生，无论是发言者还是回复者，大家都是平等的，彼此可以建立联系并互相索取信息、传播信息，使学生思想政治教育克服传统空洞乏味的缺点，朝向形式多样、生动活泼的方向

发展。

新媒体也扩大思想政治教育的覆盖面和影响力，使学生在通过新媒体获得广泛的社会信息的同时，接受思想政治教育信息，也受到思想政治教育的影响，从而不断提高思想道德素质，大大增强思想政治教育的影响力和有效性。

（二）新媒体的灵活性创新了思想政治教育的工作手段

传统的思想政治教育过程主要是建立在课堂、书本上，教师充当教育者的角色，教育手段较多采用摆事实、讲道理的方法，更多地局限于“照本宣科”的讲授方式，教育主体与受教育客体之间只是一种传输与被动接受的模式，使得思想政治教育的空间变得狭窄。新媒体的出现改变思想政治教育受限的尴尬局面，思想政治教育的理念和内容以新媒体为载体展现在受教育者的面前，改变了传统思想政治教育受教育者只是被动地接受教育主体教育的单一模式，使得一名教育者对应多名受教育对象的新模式成为可能。

在新媒体时代，手机、微博、微信、网络论坛等以其灵活、快捷等特点日益成为一种崭新的思想政治教育工作的新的载体和新的手段。对学生的思想政治教育，不必按传统方式在规定的时间内到规定的场所去进行，而是可以通过移动通信网络和电脑互联网络等途径来进行。较之传统的思想政治教育，新媒体作为思想政治教育的载体，对思想政治教育知识、价值传播手段更为灵活、丰富。网络新媒体运用多媒体方式，将声音、文字、图像、视频、数据等多种通信媒体合为一体，给受教育者带来全新的视觉和听觉感受，其独有的感官刺激功能使得受教育者在愉快的心情中认识和学习思想政治教育的内容，体会思想政治教育的理念，并改变传统的、单一的听觉感受，明显提高受教育者的学习积极性，使学习效果更加明显，同时网络新媒体的多种展现方式能够更好地激发受教育者的想象力和求知欲，调动受教育者的积极性和自主性，从而使得思想政治教育理念能够更好地渗透到受教育者的心中，通过内化的方式实现受教育者思想质的转化和飞跃。

（三）新媒体的交互性有利于改进思想政治教育的工作方式

思想政治教育信息传授应当是建立在教育者与受教育者互动基础上的思想观念与情感意识的交流过程中。但传统的思想政治教育多采用的是单向灌输的方法，生硬地把社会要求的思想观念、道德规范传授给受教育者，而忽视受教育者的需求和接受能力，使受教育者处于从属地位，抑制受教育者接受教育的积极性、主动性和创造性。

新媒体的交互性赋予思想政治教育平等交流的权利，提供互动交流的便利。这种平等互动交流的方式为大学生创设接受思想政治教育更宽松、更自由、更愉快的学习交流环境，使大学生可以自由地选择自己所要学习的内容或自己想要获取的信息，并且可以及时、方便地参与信息的反馈与再创造，使自己教育自己成为常态和可能。在日常的学习和生活中，大学生可能接触不同的价值理念和价值形式，面临无法解决的困惑时，不必因不方便求教于人而独自纠结，可以通过论坛交流、辩论等多种方式开展积极主动的思想交流，在思想交流中实现自我意识的转变，从而形成更加符合社会发展要求的思想观念，在多种思想的碰撞中树立正确的价值观念，从而能够极大地增强思想政治教育的效果。再者，新媒体以其形式多样、图文并茂、音视一体等特点，使思想政治教育更具直观性和形象性，能让人有身临其境的感觉，从而激发学生的学习兴趣，最大限度地调动学生获取知识的主动性，极大地增强学生教育工作的吸引力和感染力。

（四）新媒体的虚拟性有利于增强思想政治教育的可接受性

在思想政治教育工作中，教育者与被教育者之间的信任程度是影响和制约教育效果和教育质量的重要因素。在传统的思想政治教育关系中，教师总是处于“我讲你听、我打你通”居高临下的位置，这就使大学生往往不愿意向老师讲真话，使师生之间缺乏有效沟通与良性互动，导致思想政治教育效率低下。

新媒体作为一种现代化的交流平台，打破了现实世界与虚拟世界之间的界限，从根本上改变人们的交往方式。角色虚拟使交往者保持着相对平等的心态，可平等地利用论坛、QQ 群、微信群等工具，自由地畅谈自己的思想、观点，对自己感兴趣的话题发表真实的建议和看法，赞成什么、反对什么，都可以在网络中地表达，并畅所欲言。因此，在思想感情的传达上，交往者可以直抒胸臆，容易达到交往的较深层次。在新媒体条件下的教育者与受教育者交流也是如此。借助手机短信、博客、论坛等新媒体，能够减少学生的思想顾虑和心理负担，使其敞开心扉说实话，自由发表意见、观点。因而也带来双方在人格、权利和地位上平等的感觉，有利于形成一种融洽、轻松的氛围，从而消除师生之间的隔阂，增强师生双方的信任程度，使思想政治教育能产生良好的教育效果。

同时，在新媒体环境中，角色还可以互换。在网络中选择和吸收各种思想政治教育信息时，参与者是以受教育者的身份出现的，而在参与网络各种信息的制作、发布等网络实践活动中，将自己的思想、观点、看法及信息传播出去时，参与者又成为教育者。这非常有利于教育者从中了解大学生的真实想法，从而使思想政治教育工作做到有的放矢，也有利于对相关问题进行较为深入的探讨，并增强思想政治教育的实效性。

（五）新媒体技术的综合运用提高了大学生思想政治教育的时效性

检验思想政治教育是否有效以及效果的大小，主要依据就是思想政治教育目的和意图实现的程度。而要想取得思想政治教育的最佳效果，内化则是关键。新媒体技术的综合运用，为思想政治教育的创新和促进大学生思想政治教育的内化提供新的契机。一是网络丰富的共享信息，为开展思想政治教育提供充足的资源。二是网络传输的快捷性和交往的隐匿性，有助于迅速、准确地了解受教育者的思想情绪和他们所关注的热点问题，从而加强对思想政治教育的针对性。三是网络主体的平等性和交往的互动性，不仅有助于实现受教育者主动参与对话交流，还有助于把教育转化为受教育者的自我教育，从而提升思想政治教育的实效性。四是网络传输的超时空性，扩大想政治教育的覆盖面，促进思想政治教育的社会化。

另外，新媒体的开放性和超时空性，有助于大学生多元化观念和全球意识的养成；新媒体网络交往的自由性和平等性，有助于增强大学生的民主意识和权利意识；网络信息传输和更新的快捷性，有助于增强大学生的效率观念、竞争意识、创新意识；网络空间的匿名性，在减少外在约束机制的同时，也有助于大学生道德自主意识的提升。由此可见，综合运用新媒体技术，对于培养大学生的独立性、自主性、创造性等主体性品质，实现思想政治教育的最佳效果具有积极的促进作用。

二、新媒体时代使高校思想政治教育面临新挑战

唯物辩证法告诉我们，事物都是具有两面性的，新媒体的发展既给高校思想政治教育带来诸多发展机遇，也带来许多的挑战。在新媒体环境下，信息的自由传播、传播者的平民化、信息的虚拟化、不良信息的泛滥等也会扰乱信息传播环境，造成新媒体的失范，使社会伦理问题、信息管理与控制问题、现实世界虚拟化问题、舆论导向偏颇的问题等客观存在。如不及时解决这些问题，不仅会对大学生的成长造成不利的影响，而且还会给高校学生教育工作造成诸多负面影响。

（一）新媒体信息传播的“无屏障性”使高校思想政治教育内容受到挑战

新媒体时代的信息传播在某种程度上可以说是一种“时间无屏障”“空间无屏障”“资讯无屏障”状态。在互联网上，每个人既可以是信息的发出者，也可以是信息的接收者。正是由于网络传播的这种交互性，使得网络上的信息良莠不齐、真假难辨，充斥着谎言、毫无理性的胡言等，浩如烟海的网络信息给大学生思想观念和道德认知上带来深刻的影响。新媒体负面影响的存在，加大了思想政治教育舆论导向的难度，削弱了传统思想政治教育的功能和效果，使思想政治教育的难度增加。

1. 思想政治教育主旋律受到冲击

培养有理想、有道德、有文化、有纪律的社会主义事业的建设者和接班人，是高校思想政治教育的神圣职责和光荣使命。当前高校思想政治教育的内容主要包括世界观、人生观、价值观以及社会主义政治、道德与法制观念的教育。新媒体在拓展大学生知识学习、知识选择空间的同时，也对高校思想政治的主旋律教育提出前所未有的挑战。

传统的思想政治教育主要是通过宣讲、谈心以及报纸、广播、电视等大众媒体来进行，这些方式的一个重要特点是可控性。教育者可以根据教学目标选择相应的教育材料向被教育者讲授特定的教育内容，促进被教育者思想的转变、行为的落实，促成教育目标的最终实现。在新媒体时代的背景下，信息的传播途径日益增多，在网络中人们可以随时随地地上传信息、发表看法，使用起来简单，传播速度快捷。不同地区、不同意识形态、不同年龄、不同职业、不同阅历的人，可以同时在线匿名交流，这就使网络的交往环境变得相当复杂。不仅一些落后的、腐朽的思想和文化及违反社会公德的各种信息泛滥，甚至还有各种反马克思主义、反社会主义的言论也通过新媒体的途径大肆传播。尤其是以美国为首的西方国家，通过话语霸权和网络技术优势，潜移默化地传播所谓的“人权”“自由”“民主”等资产阶级的思想观念，对我国的政治制度和党的路线方针政策进行攻击，恶意歪曲、夸大、炒作一些负面事件，破坏我国安定团结的政治局面。而在现阶段针对新媒体

中信息的控制和过滤技术又相对滞后，相关的法律法规尚未健全，对新媒体中信息传播内容的控制难度很大，导致不同的思想观念、政治观点、价值观的广泛流行。正处在世界观、人生观和价值观形成的重要阶段的大学生，还不能完全有效地对大量网络信息进行甄别和处理，容易不同程度地受到西方发达国家资产阶级意识形态、价值观念和生活方式的影响，有些大学生对于共产主义理想、社会主义信念、集体主义原则出现动摇，这些都给高校学生教育工作者敲响警钟。

2. 违反社会道德的信息泛滥

新媒体的开放性使其所容纳的信息庞杂多样，既有大量进步、健康、有益的信息，又有低俗、迷信甚至黄色、反动的内容。毫无疑问，这些垃圾信息形成的负面影响极不利于大学生的健康成长。新媒体环境下低俗文化的泛滥影响着高校思想政治教育的效果，也影响着大学生的身心健康。

网络传播的门槛较低，每个人都可以成为信息的发布者，因此信息的质量良莠不齐，有大量的虚假信息，让人难辨真伪。网络信息的庞大令审查困难重重，一些网站为了获得高点击率而成为非法信息的传播者。垃圾信息成为新媒体的一种营销手段，广告商未经许可发送的大量垃圾邮件、垃圾信息，干扰用户的正常生活。新媒体传播速度快、范围广的特征，给诈骗信息以可乘之机，利用互联网络实施诈骗的行为屡见不鲜。诈骗者利用网络技术和多媒体技术制作电子信息进行诈骗，无须投入大量的资金、人力和物力。

网络谣言危害严重。在网络中，总有一些别有用心的人凭空捏造包括文字、视频、图片等多种形式的信息谣言，妄图利用网民的情绪和能量来达到某种特定的目的。在网络中，人们识别谣言的能力会大大降低，而谣言则能快速扩散，并不断把人群的行为引向极端，直至造成破坏性后果。

新媒体中的大量腐朽落后、低俗、夸大事实、颠覆我们主流价值观念的内容及对奢华享受的生活方式等负面宣传，严重干扰大学生的价值判断，使自身辨别力不强，世界观、价值观尚未完全成熟又缺乏生活阅历的大学生陷入选择的困境，表现出理想信念的迷失，社会道德意识的缺失，法律意识的淡漠，看重金钱利益而忽视个人诚信，使高校思想政治教育对大学生思想产生负面的影响，也不利于思想政治教育目标的顺利实现。

3. 西方社会意识形态的渗透

对于任何一个社会或国家来说，成功的意识形态不仅能够起到让人们认同现行制度的功能，也能起到维护社会发展与国家稳定的作用，还能作为一种准则帮助人们在现实社会生活中做出相应的价值判断。西方社会深谙此道，当不能在政治制度等方面对我国做出直接性的强制和控制的时候，它们往往从意识形态领域进行渗透。

互联网络将世界各个国家联系起来，不同的文化形态、思想观念或交融或冲突。但由于网络资源占有的不平等，信息生产权被掌握在少数国家和少数人的手中，从而在网络中形成的“文化霸权”是不容忽视的事实。

当前新媒体已成为某些西方国家对我国进行意识形态渗透的重要媒介。它们不断通过新媒体向我国传播他们的生活方式、人生观、价值观，宣扬资产阶级的民主和自由。有关个人主义、享乐主义、拜金主义等各种腐朽的生活方式和价值观的信息随着新媒体的发展不断地涌入我国。生活成长在这种复杂的文化环境中，涉世尚浅、政治辨别力不强的大学生很容易受到这些不良思潮的影响。个别大学生非常崇尚西方资产阶级那种奢侈浮华的生活方式，过于看重追求个人利益，陷入个人主义的泥潭。部分大学生的世界观、人生观、荣辱观发生偏离，政治方向迷失，传统的伦理道德价值观受到冲击，社会责任感淡化，不少大学生把金钱的多少作为衡量自己人生是否成功的标准。这些错误价值观的传播给高校思想政治带来一定的难度，削弱主流价值观的影响力，不利于大学生正确价值观的形成。

（二）新媒体的传播特点对思想政治教育模式提出挑战

传统的高校思想政治教育主要通过面对面的方式，与学生进行沟通交流，引导、启发学生加强思想道德学习，增加爱国之情，树立理想信念和社会责任感。这种教育方式情感互动性强、有针对性，并且突出了交流的效果。新媒体的发展改变思想政治教育的环境，对高校思想政治教育的过程、方法等提出新的挑战。

1. 新媒体的发展使高校思想政治教育环境趋于复杂

在信息手段不发达的情况下，学生们能够接触到的信息载体主要是报纸、电视、广播，而且政府和学校对这些载体传递的信息内容可以进行过滤。我们可以坚持党性原则，坚持社会效益为首，而将不正确的观点、不恰当的信息祛除，以保证弘扬社会主义主旋律教育。在新媒体环境下，大学生受教育的空间广泛、自由，而新媒体的开放性特征，可使各种非主流声音，各种政治的、社会的谣言甚至危害国家安全的信息从网络上到现实生活流传，给大学生群体造成十分消极的影响。在这种情况下，高校必须充分发挥党和政府在思想政治教育方面的领导作用，站在“培养什么人、如何培养人”这一事关社会主义事业发展的根本问题的高度，充分认识争夺互联网阵地的艰巨性和重要意义，应采取有效措施，有针对性的、以足够的主流网络信息占领网络空间，最大限度地减少非主流信息，并引导大学生树立正确的世界观、人生观、价值观、道德观，增强抵制腐蚀思想的能力，确保高校思想政治教育的实效性。

2. 新媒体的发展对高校思想政治教育的过程提出新要求

通过新媒体，大学生可以接触到各种各样的信息，包括各门类学科知识、时事报道、奇闻轶事、思想言论等。新媒体信息的传播跨越时空的限制，通过传媒技术把世界各地的人们联系在一起。在不同意识形态、政治制度、文化背景下的思想观点混合在一起，极易导致世界观、人生观尚未完全成熟的大学生在面对新媒体中多元化的思想观念进行价值判断时，产生各种困惑。当大学生遇到社会上各种疑难问题时，急切需要得到能够令人信服的答案，解开他们思想上的种种疑问。但是，当学生通过新媒体来表达思想情况、心理需求时，就给教育者的工作带来极大的难度。在新媒体环境下，由于大多数人都通过各自的代号而非自己的真实姓名上网，教师无法知道究竟是谁在发表意见，不清楚学生正在关注什么、遇到什么难题、思考些什么、想知道什么，因而高校思想政治教育工作就难以做到切实的从学生的心理需求出发，有针对性地解决学生实际遇到的问题，甚至有时非但达不到理想的教育效果，还会引起学生的逆反心理。虽然，当前许多高校都建立校园内部的网站，开辟思想政治教育专栏，但由于内容比较单一，形式缺乏灵活性，语言缺少生动性，缺乏对大学生实际心理需求的针对性，吸引力不强，而且对网站的管理与维护又相对滞后，网页更新速度慢，从而造成目前大学生对此类网站的访问量不大，效果欠佳。

3. 互联网的发展使高校思想政治教育方法面临挑战

传统的思想政治教育，使用较多的是摆事实、讲道理的教育方法。思想政治教育者通过课堂宣讲、个别谈心等面对面的方式，对受教育者动之以情、晓之以理，促使其提高思想认识、解决问题。这种方式的针对性强、反馈及时，有一定的优越性。但是，在新媒体时代，思想政治教育方法面临新的情况：一方面，讲课、谈心这种必须在合适的地点、时间进行教育，而在新媒体环境下，学生受教育的空间广泛，比较自由，旧的教育方式已经很难取得理想的教育效果；另一方面，教育的效果取决于教育者的现场发挥，教育者一般在精心准备授课的情况下，持续保持良好的授课状态也很不容易，受教育者在现场很容易受到老师的感染，现场教育的效果很好，若是在新媒体环境下，脱离现场教育的环境氛围，很难保证教育的感染力。面对新媒体信息传播的互动性、个性化、多元化、多样化等特点，创新出大学生喜闻乐见的思想政治教育的方式，显得越来越紧迫。

（三）新媒体时代对高校学生教育工作者的权威性提出挑战

新媒体时代，大学生强烈的好奇心和对新生事物的认同感，使他们成为新媒体最早的接受者、使用推广者，而教育者却存在新媒体技术意识淡薄、网络技术水平差、缺乏接受新鲜事物的敏锐性、观念更新不够等不足。因此，高校学生教育工作者对新媒体的掌握、熟悉和运用水平，决定高校思想政治教育对于新媒体的认识、使用和发展水平。

1. 学生教育工作者信息优势地位的动摇

在传统高校学生教育工作当中，学生教育工作者既具有理论上的优势，又具有丰富的历史、人文、社会知识上的优势，加上多年的知识信息的累积和对传统媒介的熟悉，占据绝对的主体掌控地位。思想政治教育者不仅掌控着思想政治教育的内容，而且还掌控着思想政治教育的整个实施过程。在教育过程中，可以及时把握社会政治、经济和文化动态，并将之与思想理论教育相结合，使教育形式更加丰富，内容更加充实，同时充分展示个人的教育魅力，从而增强思想政治教育的吸引力。

在新媒体时代，这种格局开始被打破。大学生作为新媒体使用的主力军，对各种社会现象非常敏感，他们借助新媒体可以迅速地寻找和吸收自己需要的信息，完全绕过高校思想政治教育主体这一传播思想政治教育理念的根本媒介，久而久之，高校学生教育工作者的教育主体和教育主导者的地位受到撼动。使受教育者和教育者的地位由隶属关系变成相互学习相互促进的平等关系，从而改变受教育者自身在传统教育中知识信息劣势的局面。这无疑对传统学生教育工作者的主体地位提出严峻的挑战。

2. 对学生教育工作者知识结构的挑战

随着新媒体技术的出现，对高校学生教育工作者的知识结构提出挑战。新媒体打破了知识传授单向的传输模式，信息的多向性为大学生提供较多选择空间，学生的自主学习能力得到加强，有时候甚至会出现教育者接受的信息迟于或少于被教育者的现象。在新媒体构建的平等交互性的平台上，大学生的主体意识会被极大地调动起来，影响并改变着他们的认知和接受的方式。由于获取信息的渠道更宽，接触不同观点的机会更多，大学生不再像以前那样被动地接受教育者的灌输和安排。他们运用自己的是非观、判断力，选择自己认为正确的观点，主动获取知识的同时要求与教师平等对话。这既反映出教育的进步，同时也对教育者的知识掌握提出更高的要求。思想政治教育工作者只有学会科学评估和研究互联网络对思想政治产生的全方位影响，并不断加强网络知识和技能的学习，提高与学生网络沟通的能力，才能真正成为大学生健康成长的指导者和引路人。

3. 对学生教育工作者的素质提出更高的要求

在思想政治教育过程中，学生教育工作者的素质包括思想素质、政治素质、文化素质等多方面的素质。通过提高学生教育工作者的这些相关素质可以有效地提高学生教育工作者的人格魅力以及对受教育者的吸引力，进而使得受教育者能够心悦诚服地“追随”学生教育工作者的脚步，根据教育工作者传授的理念和内容形成符合社会发展的思想观念和行为方式。在新媒体的条件下，随着网络信息技术异乎寻常地迅猛发展，大多数思想政治教育内容和理念通过网络这个新媒介以不同的方式展现出来，极大地吸引大学生的眼球。相比于学生教育工作者的谆谆教诲，大学生则更喜欢通过网络来了解和吸收自己所需要的知识。要通过网络引导的方式来正确指导大学生探寻所需信息，高校学生教育工作者除了要具备政治、文化等基本素质外，还要有基本的网络素质以及筛选信息的能力，这就给高校学生教育工作者的素质提出更高的要求。建设一支具有较高思想道德素质、政治理论水平、良好的心理品质和一定的创新能力，熟悉网络、能熟练地操作多媒体的、高素质的学生教育工作队伍是新媒体时代下解决高校思想政治教育困境的必经之路。

第二节 新媒体时代加强思想政治理论课教学的重要性

新媒体以传播快、利用广、影响力大、感染力强给传统的高校思想政治教育带来巨大的影响。当前，新媒体已经成为高校加强思想政治教育的重要载体和阵地，充分认识新媒体的重要性，利用新媒体对大学生进行思想政治教育已成为高校思想政治教育的重要课题。

一、新媒体时代高校思想政治教育创新的必要性

新媒体时代的高校思想政治教育创新是基于新的历史条件下，顺应时代发展潮流，优化高校思想政治教育的效果，促进大学生健康成长和发展高校思想政治教育理论的迫切需求。

（一）优化高校思想政治教育效果的需要

一直以来高校思想政治教育坚持管理育人、文化育人、活动育人，经常以一对一的形式开展，通过促膝谈心，可以很好地解决个人的思想问题。但这种交谈的内容无法广为传播，对其他有相似问题和疑惑的人无法产生影响。为了扩大宣传，思想政治教育采用做报告、印材料等形式，但这些手段因为受制于场地和时间等因素，其覆盖面也是有限的。新媒体的快速发展，使高校思想政治教育突破时空的局限，影响力得以进一步增强，思想政治教育效果得以进一步优化。

（1）有利于提高思想政治教育和管理工作的效率。新媒体的出现不仅丰富了思想政治教育的载体，还为思想政治教育提供了广阔的平台，而且其本身数字技术的应用，也为高校思想政治教育内容、手段、形式的创新提供强大的技术支持。思想政治教育与新媒体的结合，可以充分发挥新媒体开放性、交互性、及时性、共享性等优势，有利于学生教育工作者和大学生随时交流，及时、准确地了解把握大学生的思想动态，提高思想政治教育的针对性和实效性。同时，新媒体信息的高储备量，可以满足大学生多样化的信息需求，强大的视听效果，能调动学生的各种感官形式，增强学习的趣味性，有利于提高大学生学习政治理论的热情，将被动学习变为主动接受。

（2）有利于提高网络思想政治教育效果。网络思想政治教育的空间是虚拟的，环境是开放的，教育过程是双向互动的，信息资源是共享的，信息的传输是超越时空和地域的。而目前许多高校的思想政治教育网站存在着内容单一、形式枯燥等问题，网站大多以为大学生提供思想政治教育的学习资料、国内外时事政治、校园新闻的播报等信息的单向发布作为网络思想政治教育的方式，而网络的其他教育手段与方式还没有被充分发掘。有些高校的思想政治教育主题网站，就是把思想政治理论生硬地搬到网络上，将文字版本的内容转化成电子版本，网页信息量小、内容单调，设置内容的形式简单、缺乏新意，而且更新的速度慢，不能调动学生学习的热情，这导致该类网站的吸引力不强、访问量较低和实效性较差。因此，不断创新高校思想政治教育，充分发挥网络技术的潜能，建设一批高质量的教育网站，是提升高校网络思想政治教育效果的必然要求。

（二）培养社会主义事业建设者和接班人的需要

大学生作为最富有朝气和活力的群体之一，是社会主义现代化建设的中坚力量，大学生身上肩负着国家和人民赋予的重要历史使命和时代责任，是国家不断发展进步的关键力量。大学生自身的思想素质、道德素质、能力水平的高低、价值观的正确与否对社会的发

展进步具有重要的影响。

当前，新媒体对大学生成长成才的影响已经越来越突出。尤其是境外敌对势力以互联网新媒体为主要手段，不断对我国进行分化，表现在网络上的渗透活动，组织性明显增强、技术对抗更加尖锐、舆论较量更加激烈。而在新媒体环境下，大学生在信息的获得上享有很大的选择权和主动权，发表个人看法的自由度越来越高，自主意识、民主意识与日俱增，崇尚个性自由，乐于被他人关注等表现，迫切需要高校思想政治教育改变传统的育人理念，并充分利用新媒体，积极探索思想政治教育的新领域、新内容、新方法，牢牢掌握网络的话语权，大力推进思想政治教育进网络，用先进的、优秀的文化帮助大学生树立正确的世界观、人生观和价值观，不仅为社会主义建设培养既有创新意识和能力，又具有高尚的道德情操的栋梁之才。

（三）丰富和发展思想政治教育理论的需要

实践的发展需要理论的创新，理论的创新又将推动实践的进一步发展。新媒体时代思想政治教育理论的创新已经成为高校的当务之急，高校应不断加强对新媒体时代思想政治教育相关理论的研究，同时丰富思想政治教育的理论内容。

当前，对有关新媒体思想政治教育的理论研究，一方面，缺乏深入细致的分析。随着新媒体技术的发展和新媒体思想政治教育实践的深入，新媒体思想政治教育的发展出现社会化、规范化和个性化的趋势。现阶段，虽然有关新媒体思想政治教育的理论研究取得一定的研究成果，但是专家学者的研究大都集中在新媒体的特点、网络思想政治教育的内涵、网络给思想政治教育带来的机遇与挑战等，缺少新媒体技术对思想政治教育影响的深入细致研究。有关新媒体对大学生思维方式、生活方式、交往方式的影响研究还停留在现象的观察、分析阶段，对大学生的网络行为规律和心理特点的研究还有待于进一步深化。另一方面，对有关新媒体思想政治教育的研究缺乏整体性。关于新媒体思想政治教育的理论研究，一般是对思想政治教育的某一方面问题进行研究，从整体的角度全面分析把握得较少。这在一定程度上会影响网络思想政治教育理论的全面发展，不利于相关学科体系的建立。另外，对有关网络思想政治教育的理论与实践的有效结合研究得还不够。社会环境是在不断发展变化的，思想政治教育的宏观环境和微观环境都有很大程度的改变，社会实践也在不断地向前推进。目前的新媒体思想政治教育研究大多集中在对理论的探究上，而对理论与实践衔接的研究重视得还不够，对理论怎样更好地指导实践研究得也较少，对新媒体思想政治教育理论的运用规律缺乏实效性的研究。

加强新媒体环境下思想政治教育理论的研究，形成能够积极有效地指导新媒体思想政治教育的科学理论成果，已经成为当前发展高校新媒体思想政治教育的迫切需要。因此，高校应结合思想政治教育工作实际中遇到的问题，大力开展相关的课题研究，要加强对思想政治教育理念、途径、原则、方法、载体的研究，加强对新媒体传播的特点、发挥作用的机制，网络思想政治的评估，网络文化的特点、优势、劣势的研究，研究网络文化与传统文化的关系、与大学生成长、成才的关系，研究网络思想政治教育与课堂思想政治教育之间的关系，分析二者的运行规律与特点，从中找到二者的相同之处、不同的地方，相互借鉴、相互补充，实现优势互补，不断创新完善新媒体思想政治教育的理论体系，以增强对实践的指导力。

二、新媒体时代高校思想政治教育创新的可行性

新媒体时代，国家对高校思想政治教育发展高度重视，使高校的思想政治教育创新有了很大的发展。高校学生教育工作者运用新媒体的技术水平也越来越娴熟，能够有效地把新媒体技术应用于思想政治教育领域，以满足大学生的认识规律和心理需求，并为思想政治教育创新提供可行性。

（一）新媒体时代高校思想政治教育的地位和作用日益突出

新媒体已经成了思想政治教育的新载体，为高校思想政治教育工作者所喜爱与运用，受到大学生的热烈欢迎。国家十分重视高校思想政治教育进网络、创新思想政治教育的形式、用先进的文化思想占领网络阵地的工作，倡导在教育的过程中实现新媒体与高校思想政治教育工作的有机结合，以提升思想政治教育的影响力。

目前，全国各地许多高校都在积极努力地利用新媒体探索思想政治教育的新方法、新领域，一些富有特色的思想政治教育论坛、虚拟社区、讲座、聊天室等思想政治教育的新形式相继建立。同时，高校也十分重视对思想政治教育工作者新媒体使用技能的培训，经常举办一些关于介绍新媒体知识的讲座、网络知识竞猜、多媒体课件制作大赛等活动，以强化思想政治教育工作者的新媒体操作技能，不断利用新媒体创新高校思想政治教育。

（二）符合大学生的认知规律和心理需求

新媒体环境下，不断创新思想政治教育，其中一个重要的方面就是要不断发展和完善网络思想政治教育，充分发挥网络思想政治教育的育人功能。

与传统思想政治教育相比，网络思想政治教育更能满足大学生选择的自主性。大学生的自主性首先表现为具有独立自主的主体意识，有明确的价值目标和自觉积极的学习态度，对于网络中纷繁复杂的信息，能够在感知的基础上自主地进行比较、分析、综合、推理以及判断等思维运动，积极进行自我支配和控制，将教师输出的教育信息积极内化为自身信念进而外化为行动。在网络中信息呈现的开放性，使大学生可以自由提取所需的各种信息，受教育的主动性、自主性大大提高，可以不再被仅有的基本教材、参考书所限制，可通过搜索引擎获得丰富的教育资料，自主确定学习途径和内容。

网络思想政治教育能够充分调动大学生参与的主动性。在网络思想政治教育中，学生可以不必消极、被动地接受教师的灌输，而是可以积极主动地汲取网络思想政治教育内容，对自己的思想活动进行自我认知，从而认清自身与社会要求之间的差距，激发参与和接受思想政治教育的需要，并且能够积极地克服困难和障碍，自觉抵制各种消极因素的影响。

网络中交往的自由性也更易为大学生所接受。在网络上，有博客、微博、论坛等许多交流方式供学生选择，可以不受时间和空间的限制，其匿名性也使学生能够敞开心扉，表达自己的想法，满足不同学生的需求。如有些学生顾及面子，不愿和老师面对面地交流，遇到问题也不愿去求助于老师，时间长了往往容易使身体和心理出现问题。而如果进入网络上的聊天室，就可以毫无顾虑地畅所欲言，可以在任何一个设有终端的地方随时获取所需的知识，“聆听”老师的教诲。因而网络思想政治教育深受大学生的喜欢。

（三）高校教育工作者积极响应

当前，高校教育工作者绝大多数具有深厚的政治理论功底，较高的思想道德素质，健康的心理素质，掌握一定的网络技术知识，能熟练地操作网络，具有较强的科研创新能力，并且随着新媒体在思想政治教育领域的不断发展，教师运用新媒体的技术水平也越来越娴熟。

（1）高校学生教育工作者重视对新媒体相关知识的学习与研究。高校教育工作者从主观上注重自身在日常的工作与学习中加强对新媒体相关知识的学习，在课余时间会参加学校、社会上举办的各种培训班、网络知识讲座、网络知识竞猜等活动，不断强化自身对新媒体技术使用的熟练程度。平时也经常会浏览相关的书籍以学习网络知识，并阅读相关的杂志报纸等了解新媒体技术的最新发展动态，注重研究网络思想政治教育的特点、形式、方法等相关内容，不断提高自身对新媒体知识的理解和把握。

（2）高校教育工作者对计算机的基本操作技术运用得越来越娴熟。高校学生教育工作者大多具有新媒体时代的思维方式和较高的网络管理才能，掌握网络技术的基本知识，不仅能熟练地借助网络进行思想政治教育，也能娴熟地建立网络信息系统，还能对其进行基本的管理与维护。当前，高校思想政治教育面临着国内消极思想的干扰和国外大量西方社会思潮和价值观的冲击，这在一定程度上会影响网络思想政治教育的顺利进行，这就需要高校教育工作者具有坚定的马克思主义信仰，有较高的社会责任感、政治敏锐性和政治鉴别力，及时识别不良社会思潮和价值观的本质，有效做好学生的教育工作。高校教师需要深入了解大学生的内心世界，分析大学生的心理特点，结合大学生的心理需求熟练地运用网络技术来加强大学生的思想政治教育。

（3）高校教育工作者运用新媒体创新思想政治教育的能力越来越强。高校教育工作者在日常的生活与工作中，越来越重视对网络思想政治教育理论的研究，对网络技术知识的学习，不断提高自身的网络技术使用水平。同时，注重对自身科研能力水平的提升，在教学实践中利用新媒体不断探索思想政治教育的新形式，不断总结思想政治教育的新经验，不断改进思想政治教育的方法，不断充实思想政治教育的内容，不断创新网络思想政治教育的理论。

第三节　“以学生为主”的教学理念

思想政治教育是教育人、说服人、塑造人的工作。关注人的自身发展、解读人的存在意义、建构人的精神家园，进而促进人的全面的发展，这也是思想政治教育的重要任务，为此，思想政治教育的价值和归宿就是以人为本。以人为本这一原则反映在新媒体教育思维中就是“以学生为主”。思想政治理论课教学作为高校思想政治教育的重要组成部分，也只有坚持“以学生为主”的核心教学理念，才能产生影响力和亲和力，也才能提升教学效果。为了适应新媒体时代对人的发展要求，高校思想政治理论课教学必须坚持“以学生为主”的核心理念为指导。

一、坚持“以学生为主”是思想政治理论课教学理念的核心

教学理念是教学的核心和灵魂。新媒体时代，思想政治理论课教师已不再是教育理论信息的中心和权威的代表，而是大学生思想成长的启蒙者和领路人。思想政治理论课教学必须坚持“以学生为主”的教学理念。“以学生为主”的教学理念的内涵包括以下几个方面。

（1）尊重学生的主体地位，充分关注学生的需求。高校的思想政治理论课教学应当让学生当主角，并尊重学生的个性差异，充分考虑学生丰富多样的个体需求，将大学生视为能动、自主、独立的个体，尊重他们的独立人格，充分肯定他们的自身价值。强调“以学生为主”就是说学生的主体地位带有一定的基础性。教师的一切教学活动都应该以满足学生的需求为根本目的，这就必须从学生的实际出发，引导学生参与教学过程，发挥学生的主体地位，使学生在知识上从少知到多知的转化，在方法上从“学会”到“会学”的转化，在态度上从“要我学”向“我要学”的转化。

（2）以实现学生自由而全面发展为目标。即一切教学活动都应该从学生本身的发展出发，从学生的实际出发，从学生的现实需求出发，因此，教学活动中，师生之间的地位是平等的，要相互尊重、平等交流，从而启发学生的内在需求，实现学生主体意识、自主能力以及创造才能的提升。应充分认识到，教师的“教”只是手段，而学生的“学”才是目的，教师的“教”是为了促进学生的“学”，要树立“一切了学生，为了一切学生，为了学生的一切”的教学理念。在思想政治理论课的教学中，教师的“教”既要重视理论的学习，又要重视学生实践能力和创新能力的培养；既要教书，又要育人。同时，思想政治理论课教学过程中要注意学生个体内在价值的发展需要，从而引导学生在实现自身价值时注意与社会价值相一致，这样才能有助于学生的个体成长，从而促进大学生的全面发展。

思想政治理论课“以学生为主”的教学理念，确立学生的主体地位和教师的主导作用。它充分认识和肯定了学生的主体地位，有利于发挥学生的主体地位，激发学生学习的积极性、主动性和创造性，从而能够克服教学中仅仅把学生看成是被动的接受对象，而忽视学生个体的主观能动性的弊端，这也有利于教师和学生之间确立平等的关系，更有利于理论课教师发挥自身的主导作用。

作为教师，应该从大学生的生活、思想和学习的实际出发，认真研究他们的身心特点，关心和维护他们的切身利益，发挥自身的主导作用。唐代韩愈《师说》中道：“师者，所以传道授业解惑也”，这里就讲出了为人师的职责，不仅仅是将知识从一个头脑移到另一个头脑中，教师“教”的过程也应该要抓住学生的心灵，是师生之间的心灵接触。从这个意义上来讲，“以学生为主”的思想政治理论课教学的核心和精髓就是要达到：以人格教育人格、以性情培育性情和以心灵感动心灵。

二、坚持“以学生为主”教学理念的必要性

高校的思想政治理论课是对大学生进行思想政治教育的主阵地和主渠道，其质量直接影响大学生综合素质的培养和提高及“四有”新人的培养。新媒体时代，是价值多元、凸显个性的时代。在这样的环境下，坚持“以学生为主”是提高思想政治理论课的实效性的必然要求。

(1) 坚持“以学生为主”的教学理念是实现培养人才的教学目的的需求。高校思想政治理论课是对大学生进行系统的思想政治教育的主战场，其最终目的就是为了培养适应时代发展要求的高素质大学生。因此，高校思想政治理论课教学必须面对新媒体时代的社会开放和价值多元的现实，通过课内课外、网络现实给予学生正确的引导，使学生能够正确运用新媒体，识别纷繁复杂、良莠不齐的网络信息资源，从中选择有利于身心发展的信息。当今的大学生视野开阔、思想前卫，但是他们缺乏人生阅历以及经验，崇尚自我个性的张扬，与强烈的求知欲相比，判断力比较薄弱，新媒体环境下纷繁复杂的信息资源，很容易影响他们的世界观、人生观以及价值观。因此，思想政治理论课教学要以学生为出发点和归宿，突出学生的个性发展，满足学生的合理需求，并及时给予他们帮助和引导，使他们正视道德冲突，解决道德困惑，尽一切努力用服务的意识达到实现教学的目的。

(2) 坚持“以学生为主”教学理念是完成高校思想政治理论课教学任务的需要。人是教育的出发点，也是教育的归宿。高校教育的根本任务是培养人才。高校思想政治理论课教学的根本目的就是立德树人，以促进人的全面发展。因此，必须改变长久以来高校思想政治理论课教学以“传道”和灌输为主要抓手，而忽视学生能力和个性的培养的局面。高校的思想政治理论课教学应贯彻和落实中央科学发展观、科教兴国和人才强国的战略，进一步强化思想政治教育的任务性，以立德为基础促进树人。坚持“以学生为主”，在培养他们自觉明辨是非、自主选择和自我修养的能力的同时，培养他们坚持正确的政治方

向，自觉抵制各种有害信息的浸染。

三、坚持“以学生为主”教学理念的基本要求

新媒体时代，高校思想政治理论课确立“以学生为主”的教育理念是目的性与规律性的有机统一。思想政治理论课教学坚持“以学生为主”的教学理念，就是应研究作为接受主体的大学生的心理特征，了解他们的心理需求，以增强思想政治理论课教学的可接受性；强化问题意识；体现教学的生活化关怀；实现“三贴近”，突出教学的针对性。

（一）强化思想政治理论课教学中的问题意识

在思想政治理论课教学中，关注大学生的思想理论热点、难点问题是坚持“以学生为主”教学理念的具体表现。大学生关注的思想理论热点、难点问题是指与思想政治理论课教学内容密切相关的、大学生关注程度和频率都比较高且比较难于理解的问题。认真研究和客观分析大学生关注的热点、难点问题及成因，关注和启发性地回答这些热点、难点问题，是提高思想政治理论课教学的吸引力、感染力、说服力，进而优化教学效果的重要举措。新媒体环境下，信息的海量性和复杂性，使得大学生可以接触到纷繁芜杂的价值观念、生活方式和社会思潮，其中不乏腐朽的价值观念和社会思潮等，这些价值理念以及社会思潮，使大学生的思想空前活跃，热点、难点问题也林林总总。了解、分析和把握这些问题及其成因，有效干预大学生对这些问题的认识和解决，有针对性地加强马克思主义理论与思想政治教育，对于促进大学生的成长、进步，实现高校培育高素质人才的培养目标具有重要意义。强化问题意识，有针对性地解读、引领大学生正视、客观分析所关注热点、难点问题，最重要的是思想政治理论课教师应心中有学生，要探究学生的心理特征，了解他们的心理需求，并充分尊重学生的情感、兴趣和已有的知识经验，关心他们的想法。只有这样才能有针对性地设置教学内容和选择适当的教学方式，并有效介入、干预大学生认识问题的过程，通过教学卓有成效地帮助大学生客观、正确地认识问题，并学会运用科学的立场、方法看待和分析社会现实情况，进而对国情、社情、党情有更全面、真实、深刻的了解。也只有这样，思想政治理论课才会成为大学生真心喜欢，并终身受益的课程。

（二）突出思想政治理论课教学的针对性

在强化问题意识的基础上，全面突出思想政治理论课教学的针对性，是落实“以客户为主”的理念的深入表现。在这种情势下，从社会、高校和大学生的实际出发，强化问题意识，有针对性地将教材的理论体系和教学实际相结合，并利用新媒体技术对教学内容适当补充，合理整合，对提升教学的针对性和实效性尤为重要。要突出教学的针对性必须做到以下几点：①坚持贴近生活、个体和心灵。②坚持结合学生的专业施教。③坚持处理好教学深广度以及重难点的关系。④坚持“滴灌式”影响与循序渐进相结合。

（三）增强思想政治理论课教学的鲜活力和生动性

思想政治教育是一种政治教育性很强的活动，它不一定要以严肃、冷峻、矜持和规整

的面目来展现，而且必须展现本身所具有的生动性和鲜活性才能具有吸引力，才会被大学生接受和喜爱。因此，思想政治理论课教学要根据时代发展的新情况、新变化，结合当代大学生成长的需求，充分利用新媒体技术，让理想信念教育内容富含时代气息、注入新意，并以学生喜闻乐见的形式体现出来，创造一种轻松、活跃的氛围，让学生在形象、生动、直观的教育形式中感受教育的魅力。

增强思想政治理论课教学表现力和生动性的重要方法是使用新媒体技术。新媒体技术为思想政治理论课教师改变传统思想政治教育单调的内容及形式提供了工具上的便利。在教师教学中，可以充分利用新媒体技术，全面地、精心地构建或筛选思想政治理论课的教学信息，并精心设计与制作课件，使其集声音、文字、图像、数据等为一体，实现教学内容视听结合、图文并茂的效果，使其更富有艺术性和感染力。这样不但坚持理论正面灌输的原则，还增强思想政治理论课教学的可接受性。应以校园生活为基点来构建新媒体与传统优势相融合的立体化思想政治教育新阵地，使教学活动延伸到课外，而不仅仅局限于学校、教师和课堂上。思想政治理论课教学不仅要“进教材、进课堂”，还要“进媒体”。利用新媒体技术，凭借“媒体联动”“资源共享”等方式，使思想政治理论教育内容从一种媒介终端传递至另一种媒介终端，并促进电脑网络与手机网络、各类阅读器之间的连通，从而形成“流媒体”的现象，进而提升思想政治理论课的渗透力和辐射力，实现思想政治教育的全员覆盖、全程融入以及全面渗透。另外，要运用新媒体技术打造具有思想性、知识性、趣味性和服务性的思想政治教育专题网站，为引导大学生树立正确的世界观、人生观、价值观积极营造健康的学习环境。

新媒体开启个性化时代，新媒体语言也推动学生个性的张扬。转变话语范式也是增强思想政治理论课教学的鲜活力和生动性的体现。话语范式是具体的教学内容体现，也是形成思想政治理论课教学影响力的技术保障。在传统的思想政治理论课教学的话语范式中，学生被当成单向度的被教育、被塑造的对象，其学习能动性、自主性、创造性被忽视，限制教学本身功能的发挥。在新媒体环境下，网络化生活方式已经成为现代人，尤其是大学生生活的重要方式，而语言则是虚拟空间存在的重要工具。新媒体语言是青年群体改变传统话语范式的一个重要体现。新媒体语言具有混杂性、简洁性、直观性、模糊性等特点，但是这种语言却深受大学生的青睐，并形成有力的群体表达传播途径。因此，大学生的思想政治理论课教学也必须面对新媒体语言的挑战，并利用新媒体语言的“话语优势”，来进行理论课教学工作的展开，从而才能真正使大学生思想政治教育被大学生所接受。实现思想政治理论课教学话语范式的转变的方法：①要实现话语语境的转变。思想政治理论课教学话语必须符合大学生的政治生活和道德生活的需求，要扎根于学生的生活中，只有这样，思想政治理论课教学的话语才能被处于现实生活世界的学生理解和接受。②要实现话语内容的改变。思想政治理论课教学话语内容应该贴近学生的现实生活，即强调教学话语要更加贴近学生的思想、心理、生活现实，只有这样的语言才容易被学生接受。③要实现话语方式的多元转换。传统的思想政治理论课教学话语方式常用“应该”“一定”“保证”

"必须"等这样的命令式的祈使句。这种话语方式令受教育者完全处于被动接受的地位，但使学生们很是反感，他们很难接受教育者的这种说教式话语。在新媒体时代，思想政治理论课教学应立足于学生的主体意识，话语方式必须进行多元转变，将传统的控制方式、劝导方式转变为平等交往的话语教学方式，如"对话—讨论"的话语方式，就是在尊重学生的主体意识的基础上，实现教师与学生之间、学生与学生之间平等的对话交流。只有在教师与学生真诚、平等的对话中，教学话语才具有沟通性，教师也才能从一个控制者、支配者转变为一个真诚的对话者。在新媒体技术和多元文化的背景下，思想政治理论课教师只有了解学生，适当运用话语方式，才能调动大学生的思想、行动的积极性，实现良好的教学效果，否则将使教学效果大打折扣。

第四节　高校思想政治理论课新媒体教学方法的运用和创新

现代教学论认为，教学有法，教无定法，贵在得法。好的思想政治理论教学方法，有助于教师与学生之间良好的沟通和有利于引导、教育关系的确定，否则，会导致二者之间僵化、互逆与对抗，从而导致思想政治理论课教学功能的丧失。正如皮亚杰所说："好的教学方法可以增强学生的效能，甚至加速他们的精神成长"。

现代社会科学技术及其经济的发展，尤其新媒体技术的出现，对思想政治理论课教学方法也提出新的要求。思想政治理论课教学方法的创新是克服和解决思想政治理论课教学针对性和实效性不强，确保思想政治理论课教学价值实现的有效途径和手段。思想政治理论课教学方法的不断创新，既是时代发展的要求，也是思想政治教育自身规律的要求，更是新媒体环境下思想政治教育的要求。

一、新媒体时代思想政治理论课的教学方法

从思想政治理论课教学实践上看，改革和创新教学方法是提高教学效果的桥梁和手段，有助于思想政治理论课教学更具有针对性、实效性，可以使教学内容更具有吸引力、感染力。然而，长期以来，在思想政治理论课教学方法上存在很多问题。长春工业大学校长张德江将这些问题总结为"五个过多与五个过少"：即灌输式过多，参与式过少；结论型过多，问题型过少；封闭式过多，发散式过少；重分数过多，重能力过少；重书本知识过多，实践训练过少。这五个过多与五个过少，可以说是重教有余，启发不足，强化了教师、课堂、书本这三个中心，弱化了学生学习的积极性和主动性，造成学生的实践能力、创造能力弱。新媒体时代，如何利用新媒体技术这种载体，使新教材的理论体系有效地真正进入大学生的头脑是教学方法必须解决的问题。

（一）创新课堂讲授法教学

讲授法是传统思想政治理论课教学的基本方法，采用讲授法可以通过教师集中、直接的讲解，帮助学生在有效的教学时间内“短、平、快”地掌握课堂教学知识，不失为提高教学密度的一种简捷途径。但讲授教学也存在着致命的弱点和局限性，主要表现为教师独占课堂、学生成为被动接受单一教学信息的受众体。在这种教学方法的教学模式中，讲解与倾听成为教与学双方主体各自的主要任务，其结果必然造成学生学习被动，缺失学习的积极性与热情；学习方法机械呆板，实践和创新能力弱。在新媒体的条件下，传统的、单一的思想政治理论讲授教学必须改革。

专题式讲授法加上轮班讲授法。这种讲授法是在严格遵循统编教材的主要内容和逻辑结构的基础上，既依据教材，又不拘泥于教材，以“专题”为单位整合教学内容。采用专题式教学讲授法，能够达到术业有专攻的效果。因为教师既各有所长，也各有所短，一位教师知识水平有限，纵然使出浑身解数也很难完美准确地把握并教好一整门课程。教师采用专题式讲授法，则可以最大限度地发挥教师专业所长，而且既有利于教师形成集中的研究方向与深化教学内容，也有助于教学团队的团结协作力量的发挥。从教师角度来看，打破统编教材的章节目，以专题为基础设计教学内容，有利于教师集中精力关注学生现实生活中的实际问题，深化教学内容和研究方法，减轻教师的负担；从学生的角度来看，在一门课程中感受到不同教师的教学风格，激发学生学习的热情，满足求知的需求，增加学习兴趣。专题式讲授法容易出现的问题是，打破原来一门课比较完整的整体教学体系，调整原有教学内容设计中相互的逻辑关联，如若处理不好，会造成教学体系结构的混乱与松散，导致理论因无法相互证明而丧失说服力。这就要求思想政治理论课教师必须根据专题教学的实际需求，深入了解和把握教学体系内容、合理统筹，加强理论整合力，使之既体现专题的针对性，又能反映知识内容的相互连贯性，从而使教学体现出时代性、完整性和逻辑性。

“一多结合”的讲授法。随着新媒体技术的发展，改变传统的“一支粉笔一张嘴、一块黑板一杯水”的课堂模式。使教学方法手段有了多种多样的选择。思想政治理论课教学中的所谓“一多结合”，是指同一个教学内容由多个教育主体、采取多个（不同的）理论视角，选择不同的理论工具，并分别阐释的教学方法。其旨在思想政治理论课堂教学的过程中，多角度切入某一重点教学内容，如请不同专业的教师或专家同堂对话，并对学生进行讲授、交流。“一多结合”讲授有利于增强高校思想政治理论课的理论魅力；增加教学内容的科学性与深刻性；有利于受教育者对教育内容理解加深和多种角度学习理解知识的水平、能力，增强学生的学习主动性。

（二）推进案例式教学法

案例式教学实质上是理论联系实际的一种具体表现形式。这种教学方法是在理论课教师的指导下，围绕着一定教学目的，把实际生活中的实例引入课堂，有利于提高学生分析问题、解决问题的能力，从而使学生学到知识。要想很好地实施案例式教学最关键的问题是要处理好教材和案例之间的关系，案例和教材必须结合起来，既不能脱离教材而运用案例，也不能用案例代替教材，只有这样，才能保证这种教学方法的可行性、系统性和生动性，从而更好地实现教学目的。案例式教学的核心在于组织课堂讨论，形成师生间互动、学生间互动的一种动态的、开放的教学模式。但是，在实施案例式教学的过程中，课堂上教师的理论引领和提升是非常必要的。在实际的教学过程中，学生在分析案例时，很难找到案情与教学内容的契合点，他们对于案例不能上升到一定的理论高度来进行分析。因此，在具体组织和实施教学的过程中，任课教师可以根据教学目的、教学内容以及授课对象的不同，灵活掌控教学模式，既可以在讲授理论内容前抛出案例，引出要讲的内容启发学生思考，也可以先进行系统的理论内容的讲授，之后再抛出案例，引导学生学以致用。案例式教学丰富和发展传统的思想政治理论课教学方法与手段，对于提高思想政治理论课教学的实效发挥重要的作用，尤其提升学生的实践能力，是现代思想政治理论课教学设计的一大亮点。案例式教学法中的案例既可以选择视频案例，也可以利用 PPT 制作图文并茂的案例。尤其利用新媒体技术，更易于被大学生接受，并能使其深刻体会教学内容。

（三）突出实践教学

实践教学是深化思想政治理论课堂教学的关键环节，是学生获取、掌握知识的重要途径。近年来，思想政治理论课实践教学受到政府相关部门和高校的更多的关注，也涌现出许多成果与经验。实践教学是切实提高思想政治理论课教学实效性的一种理论联系实际的教学方法。它打破了传统课堂教学的单一教学方式，使学生走入拓展性教学空间——社会生活，丰富的社会实践可以巩固所学知识、开阔视野和拓宽生活范围，同时深化对社会的认知，并提高独立思考、解决问题的能力。思想政治理论课实践教学是寓教于行的教学过程和教学方法，它的有效载体包括社会调查、生产劳动、志愿服务、公益活动、科技发明和勤工助学等社会实践活动。思想政治理论课教学实践尤其要抓住重大活动、重大事件、重要节日、利用暑假和寒假等契机，紧密围绕一个主题、集中一个时间段，广泛开展特色鲜明的主题实践活动。

为增强实践教学的实效性，应根据学生实际情况来设计实践教学形式。例如针对大一新生，要尽可能地采用一些体验式、交流式、竞赛式的实践教学形式，如演讲比赛等。而大二年级则可以采用调查式、辩论式等实践形式来培养学生观察、思考和解决问题的能力。

总之，思想政治理论课教师在实践教学过程中，只有以学生为本，结合学生的具体特点，灵活机动地运用各种不同的教学方法进行教学，才能真正地增强教学效果。同时，强化实践教学，还要求学校要为实践教学提供必要的机制与后勤保障。保证机制有动力、有活力，反馈迅速。而加大经费投入是提高实践教学实效的物质保障。强化思想政治理论课实践教学必须做好这两点，才能保证实践教学计划的真正落实，也才能保证实践教学实效作用的进一步发挥。

（四）有效采用情境式教学

情境式教学模式就是指思想政治理论课教师依据教学目标、教学内容以及学生的实际情况而创设的特定的教学情境，从而引导学生自主探究的教学方式。具体来说，它是指在教学过程中，教师有目的地创设或引入一个相关问题的情境，使学生产生身临其境的感觉，使学生共情，扩大学生的知识视野，刺激学生思考的积极性，从而使学生达到最佳的情绪状态，从而启发、帮助学生掌握、理解知识，提高分析问题、探求问题和解决问题的能力。情境式教学模式是以学生的实践为中介，通过指导学生参与社会实践活动，亲身去体验、去感悟和内省，或是通过科学地、有目的典型情境的设置，让学生在实践中体悟，在参与中反省，从而实现情感的整合和认知的建构，并将思想政治理论的学习转化为政治情感和道德素质的践行。

思想政治理论课情境式教学方式强调学生的自主体验，不是灌输抽象的概念和规则；重视创设适宜的教学情境，充分发挥情感在教学中的作用，是一种启发学生学习兴趣的开放的教学模式。这种教学模式的环节一般有创设情境、确定问题、自主学习、协作学习、效果评价等，包括角色扮演、行为实践、多媒体设备创设情境等方式，集言、行、情于一体。思想政治理论课教学引入情境式教学模式能够从根本上改变思想政治理论课传统教学中单一的教学方式。

（五）持续推进多媒体辅助式教学和网络式教学

运用多媒体技术以及网络辅助开展教学活动是现代化教育的重要标志之一。教师的语言组织能力、肢体语言和个人魅力是传统的思想政治理论课教学方式中常用的教学手段。多媒体辅助式教学与传统的教学模式相比，具有更直观、更生动形象、趣味性强等特点，正日益成为一种被广泛推进且有效的教学方法。因此，进行多媒体辅助式教学关键是反映时代、思想主题的思想政治理论课教学，不仅在形式上要用先进的现代教育技术手段武装自己，还在内容上必须深刻地体现时代感和现实性。从这个意义上讲，思想政治理论课教师应当具有自主研发多媒体课件的意识。首先，应注意以理论为主线，精心设计，力求内容简明、形式生动、富有个性。具体地说，如画面构图简洁大方，字幕清晰准确，背景颜色协调；画面主题应该鲜明、突出，符合认知规律；画面切换方法应当基本一致，以免令人眼花缭乱，分散注意力，从而影响教学效果。为调动学生学习的积极性，强化学习效果，课件应预置课堂讨论等学生活动空间，并在每一章节后设置相应的单选、多选、辨析、讨论等练习题及标准答案。这样，就会使多媒体辅助式教学通过生动活泼的直观手段体现具有较强的理论性、系统性、严谨性特点的思想政治理论教学内容。其次，要正确处理使用多媒体与不同教学方法之间的关系。在教学过程中，要善于将多媒体辅助式教学方法与其他教学法有机结合，从而在整体上提高思想政治理论课的教学实效。此外，思想政治理论课教师对现代教育技术的掌握程度及机器的硬件性能指标等都是在教学中应予以关注的重要问题。如果机器性能较差、分辨率不好，可使教室内的可视度极低，由于门窗紧闭，窗帘遮掩，空气流通不好，不利于学生记笔记，并影响学习效果。教师应选择性能好、高流明的投影机，可以使学生在观看投影的同时，自如地看教材、记笔记，并保持良好的学习情绪。需要指出的是，多媒体终究是用来支持教学活动，提高课堂教学效率的一种辅助性的教学手段，它不是教案的简化，也不是专题录像集教学电影的替代物；不能取代教师的讲授，更不能代替理论的论证和师生间的情感交流。

当网络以惊人的速度走进人们生活时，网络教学以其独特的优势、作用，对传统教学产生了不可抗拒的有力冲击。与其他媒体相比，网络在信息传递、储存、生成上具有明显的快捷、便利、丰富、生动等优点。思想政治理论课教学引入网络有利于改善和提高思想政治理论课的教学质量。由于新媒体网络信息传播的“时空无屏障”，它既可以发挥传统教学方式的优势，又可以突破时空界限、宏、微观限制，创新教学方式，使封闭的“填鸭式”教学转变为具有开放性的互动式教学。集图、文、声、影于一体的网络技术为高校思想政治理论课堂教学提供理想的教学环境，给大学生的学习方式也带来深刻变化，使思想政治理论课的课堂教学焕发新的生命活力。思想政治理论课网络式教学的最大特点就是利用网络中丰富的信息资源吸引学生主动参与教学活动，使学生成为教学活动的主角。思想政治理论课教师应精心策划和设计教学活动，充分利用各种交流式的教学方式，使学生发自内心地投入到教学活动中。这种寓教于乐、寓教于学的体验式、交流式、参与式教学方法提升学生的主体地位，从而实现由被动的“要我学”转为主动积极的“我要学”。

增强高校思想政治理论课教学的实效性，推进网络教学模式的路径如下。一是搭建平台，建立高效思想政治理论课的学习交流网站。主动的正面灌输和教育向来是思想政治教育的传统优势，即使已经进入新媒体时代，我们仍然要依靠这种方式来占领互联网这个思想政治教育的制高点。这就要求在网上开设宣传马克思主义思想理论、宣传党的路线、方针、政策，社会主义道德和其他科学理论的网站，并对师生进行正面的教育。创办高校思想政治理论课网站，可以通过设置各种专栏来实现资源共享。创建一些贴近校园、贴近学生的融知识性、趣味性、服务性为一体的网站，在网络上建立高校思想政治教育的平台，通过这一平台对学生进行思想政治教育。二是开设思想政治理论课的网络课堂。网络课堂内容要丰富，形式要多样，具有选择性、方便性和长期性，在这里学生可以自由选择学习内容。通过开设网络课堂，可以使教学手段多样化，增强教学的吸引力和感染力。开设网络课堂，必须采用多媒体授课，网络上的课件要做成CAI课件或PPT课件，同时要将思想政治理论课的教学内容做成电子教案挂在网上，以便于学生浏览和阅读。三是要实行网上与现实的无缝链接。网络教学只是思想政治理论课教学的一种选择方式。思想政治理论课教学应突显出其强大的生命力，必须有效地实行网络和现实的无缝链接。这就要求建立一个覆盖高校而又覆盖社会的立体交叉大网络，实现网络和现实互动，课内和课外互补，如课堂教学后的师生网络答疑、交流，可以充分利用各种网络交流工具以了解大学生的思想动态；不仅通过博客实现师生资源共享等，还通过各种健康的网络活动，吸引学生积极主动参与，使大学生接受健康的网络文化的熏陶，从而净化心灵，提升精神境界。

二、创新思想政治理论课教学方法的基本要求

（一）倡导和坚持启发性教学原则

启发式教学即是指受教育者在教育者的启发和引导下，主动获取知识，发展智能，陶

治情操，从而形成完满人格的过程。它符合教育教学规律和人才成长规律，具有从学生实际情况出发、尊重学生的主体地位、注重学生能力培养等特征，是思想政治理论课堂教学的基本思想和基本原则。无论采用何种方法教学都应当坚持启发式的教学原则。实施启发式教学应遵循如下要求：①应立足学生实际。运用启发式教学的基本前提就是应立足学生的实际情况，全面了解学生的生活、学习、思想和心理情况，包括学生的认知水平、知识结构、学业成绩、心理需求、兴趣爱好等。②要激发学生的问题意识。坚持启发性教学原则，思想政治理论课教师在课堂教学活动中应避免简单的训导倾向，从重说教、轻启发；重灌输、轻交流；满足于传授知识，摆大道理，而不太关注学生是否喜欢，是否能吸收和内化，转向针对思想政治理论课教学实际内容由情入理的引导。应根据大学生关注的视角，认真设计富有启发性的问题，来启发学生的思维，进而激发学生的主动探求知识的欲望，从而达到提升学生认识、分析、解决问题的能力的目的。特别是要根据教学实际情况，利用新媒体技术载体，适宜地选择和灵活地运用不同的启发式教学策略，并在教学实践中努力实现它们的灵活运用与创新。如在教学环节的把握上，利用视频、PPT 制作案例等多媒体，作为开篇，引出教学内容；也可以作为结论在教学结束前观看；还可以在教学中间激情引智，作为引发讨论的话题等。

（二）坚持继承与创新相结合的原则

在新媒体环境下，传统的思想政治理论课教学方法存在一定的问题是毋庸置疑的，但它经过若干年的积累和沉淀，并经过时间和实践的检验，并能保持传承至今，说明它是有一定科学性和成效的。这就要求当代思想政治理论教学方法在创新的同时，要对传统的教学方法给予充分的肯定和保留，并适当地注入现代元素，也就是说全盘否定和继承都是不正确的，传统的思想政治理论教学方法与创新教学方法是相互补充的关系而非替代。有效结合运用新方法和传统方法，取长补短，才能充分实现思想政治理论课教学的实效性。

（三）坚持形式服从内容的原则

思想政治理论课教学方法的创新要坚持政治导向的正确性和科学性。新媒体是科学技术发展的结果，是思想政治理论课教学的一种载体和形式，这种形式是为思想政治理论教学内容服务。要强化形式为内容服务的意识，而这种服务不是生拉硬造、牵强附会的，更不能本末倒置，避免出现“形式上热热闹闹，表面上花里胡哨，看不到实际效果”的尴尬局面。应该使新媒体技术成为为学生的发展而服务的资源，并非负担和腐蚀剂。思想政治理论课教学肩负着育人的历史责任和社会责任，因而，它不能为了迎合新媒体技术，而丧失自身的教育责任与功能。

（四）坚持合理性原则

思想政治教育的本质是理解人、鼓舞人和引导人，使人全面发展，成为适应和促进社会主义发展的人才。教学方法的创新，是新媒体时代发展对思想政治理论课教学提出的新的、更高的要求和挑战。利用新媒体技术优化教学内容、教学过程和教学效果，应避免功利化倾向，不能为迎合学生的口味而急功近利，不能一味地追求“新、奇、特”。要符合学生发展的实际情况，符合教育规律，符合主流社会价值，符合社会发展规律。

第五节　新媒体时代思想政治理论课教学考评体系构建

一、思想政治理论课教学考评体系存在的主要问题

当前，我国高校还没有十分完善的思想政治理论课教学考评体系。已有的教学考评基本上都是借鉴国内外其他学科的经验，是一种套用的方法。我国高校思想政治理论课教学的评价存在以下问题。

（1）考评的目标定位失衡。思想政治理论课教学效果是要通过学生学习效果来检验的。根据思想政治理论课的课程性质和教学规律，思想政治理论课考评应坚持考评目标与课程目标的同一性。然而，在当前的思想政治理论课考评中，却存在考评目标与课程目标丧失同一性的问题。一是考评目标片面。通常情况下，思想政治理论课对学生学习情况的考评，既要考评学生对知识的理解掌握情况，也要考评学生的能力和素质，它要求能够达到对知识、能力和思想政治素质三个方面的综合检验。但是当前思想政治理论课的考评目标仅仅是对基础理论知识的考察，而忽视对能力以及素质等方面的考察。这种考评只需要一份试卷即可达到目的。二是考评目标形式化。考评目标的片面性，导致考评流于形式，走过场。

（2）考评方式单一。由于长期的应试教育背景，我国高校思想政治理论课的考评方式还是以知识考评为重点的闭卷或开卷的考评方式。这种考评方式重视对概念、原理的考评，强调对知识点的记忆，忽视学生能力和素质的培养，是一种“重理论，轻实践”“重记忆，轻能力”“重结果，轻过程”的单一的考评方式。

（3）考评导向激励功能失灵。考评的导向功能指挥着教师的教，引导着学生的学。而当考评都被量化为分数，并且仅凭分数对学生进行评价时，就会导致学生在学习过程中，只注重知识的死记硬背，分析解决问题的能力弱。思想政治理论课考评的激励作用调节着学生学习的积极性和态度，促进着教师改进教学方法，提高教学实效。思想政治理论课考评的激励作用包括动力激励和压力激励，这两种激励都是一种极大的促进力量。但是当前实施的考评内容片面，考评方式单一，导致学生考评结果失真。一旦考评结果不作为衡量学生能力的标准，考评的导向和激励功能也就都失灵了。

（4）考评内容的比例不合理。思想政治理论课考评内容所占比例迄今没有统一的标准。在思想政治理论课考评中，关于卷面成绩、平时成绩、实践成绩的比例如何规定，始终很随意，没有理论依据，更没有实践依据。有的实行“三七开”（将平时成绩和实践成

绩合为一个整体，占据1/3的比重），有的“四六开”（将期末卷面考试成绩所占比例调为60%）。而且，在实际操作过程中，最后的成绩都可以进行相应处理。这样得出的成绩也不具有公平性。

（5）忽视考评反馈。考评反馈是整个考评过程的最后一个环节，主要是通过对考评结果的质量分析，以期提出合理的考评改进意见，目的就是使思想政治理论课教学和考评进一步科学化。虽然当前思想政治理论课考评大多都有卷面分析，但是由于学校监管力度不够，这种活动基本流于形式。即使对卷面考试成绩有所分析的话，也是简单总结优秀率、及格率，而缺少对试卷的信度、效度、难度等的分析。所以，也就失去思想政治理论课考评对于提高思想政治理论课教学实效作用。

二、新媒体时代完善思想政治理论课教学考评体系的思路

新媒体时代，加强思想政治理论课考评体系的研究，构建思想政治理论课的考评体系，对于提高思想政治理论课教学质量和效果，促进思想政治理论课教学的针对性和实效性具有重要意义。

（一）与时俱进，加快转变考评理念

考评理念是指对考评所持的基本看法和基本观点。考评作为教学的一个重要组成部分，对教学起着重要的导向作用。有什么样的考评观念和考评方式，就有什么样的教学观念和教学方法，不同的教学观念和教学方法就会产生不同的教学效果。传统的思想政治理论课的考评理念是通过考试考查学生对于某一知识点的掌握程度，以此作为考评标准，而分出层次、排出顺序。因为，传统的教育理念是以传输知识为主的“精英式”的教育，而这种教育培养出来的学生能力较弱。因此，对学生考评采取的手段是应试教育背景下的考评方式，即是以闭卷考试为主要考察手段，以卷面分数作为考评学生的主要标准，这种考评方式更注重书本知识的再现能力，而忽视对学生的实践能力和创造能力的培养。新媒体时代必须转变考评理念，摒弃那些已经过时的考评理念，树立符合新媒体时代发展要求的考评观。

（1）坚持“以学生为本”。这要求制订思想政治理论课的考评模式与方法，应从学生发展需要的实际情况出发，而在考评内容的选取上，想要导向大学生的全面发展，就要求注重选择那些对学生发展和能力提升有帮助的内容。

（2）把学生的新媒体素养作为一项考评指标。新媒体素养是指人们面对媒体各种信息时的选择、评估、创造和生产的能力以及思辨的反应能力，其核心能力是培养人的认知能力。新媒体素养是新媒体时代人的基本生存能力。在新媒体时代，高校思想政治理论课应该将新媒体素养纳入教学目标和教学考评体系中。

（3）坚持科学的、开放的、动态的、全程化的网上道德考评理念。思想政治理论课考评的目标是随着时代的发展以及学生的实际情况变化而变化的，因此，考评目标也要保持开放性，给学生能够发展但尚未发展出来的能力留有一定的空间。考评本身应该是一个不

断完善的循环过程，也就是说，当一轮考评结束后，对在此过程中遇到的问题进行讨论和解决，对其中产生的有效做法予以保留并加以完善，而对于那些不适合的做法予以摒弃。具体来说，建立这种考评体系可以通过完善学生评优评奖体制，改变评审办法，实行评优、评奖学生网上申报，同时配合科学有效的奖惩措施来建立。

（二）开拓思维，健全灵活多样的考评方式

考评方式是通向考评目标的桥梁。考评方式不同，由此得出的结果也可能大为不同。思想政治理论课考评目标的多重性要求考评方式必须多样。为了适应新媒体时代的发展，高校思想政治理论课更要在继承传统有效考评方式的基础上创新考评方式。在当前高校思想政治理论实践中，主要包括以下几类考评方式。

（1）平时考查。它通常包括考勤、课堂发言、课堂测验、课后作业、社会实践等。考勤是平时考查的必备项，这也是体现学生自我约束、自我教育、遵规守纪的表现之一。课堂发言是体现学生积极参课堂教学的体现，也是参与式教学的表现形式之一，它能提高学生主动思考和解决问题的能力，更是体现学生创造性的方式。在课堂活动中，学生参与课堂讨论的次数和发言的质量，需要教师亲自负责记录，以作考评依据。课堂测验，计入平时考查的范围，是教师随堂考查学生理解和掌握所讲内容到何种程度的有效方法。课后作业，一般以社会调查报告、论文、资料整理的形式呈现，是教师根据本课重难点和社会实际情况，留给学生的任务。可以让学生在网络上完成课后作业。通过课后作业，既可以考查学生的学习态度，又可以考查学生理论联系实际解决问题的能力。这里的“社会实践”是指在思想政治理论课教学过程中，在本课要求范围内的实践，而非学生在校的一切行为和活动。在这里要区分思想政治理论课的考评范围与大学生思想政治教育的考评范围，思想政治理论课强调的实践行为一定是由思想政治理论课教学激发出来，而像那些志愿者服务、学生社团工作、科技服务等这些积极的实践行为未必是思想政治理论课教学激发的。

（2）基本理论水平测试。针对理论知识和运用能力的考评，可采用闭卷、开卷、口试、讨论会和读书报告等多种卷面考评形式。闭卷是应用最为广泛的一种笔试，试卷考题具有较高的区分度。这种考试方式，有利于考查学生对理论知识的记忆和理解，能够促使学生看书理解，并记忆相关知识。开卷也是笔试的一种，它重点考查学生对理论的运用能力及概括的综合能力。考题难度一般高于闭卷，否则易流于形式。有些院校可能以课堂或课后作业、读书报告、调研报告、论文等方式考评计分。闭卷、开卷的考核方式，都可以尝试统一在网络在线完成，这样既可以在最短的时间内考查学生的成绩，又可以避免学生作弊。当然，这样的考评方式需要建立在有完善的网络课程的基础上。口试是课题常用的考试方式，一般分为期末综合口试和案例分析口试。学生当场应试，考评知识水平的口头表达能力。通过连续追问，可以考查知识的深度，观察应变的能力，可以杜绝作弊。但是口试也存在缺点，即考试的效度、信度较低，耗时、耗力，且主观性强。这种测试方式在有些院校的思想政治理论课的考试实践中，一般以课堂讨论、情景模拟案例、答辩、读书报告、知识竞赛等方式考评计分。

（3）引入民主评议方式。这种考评方式在目前的思想政治理论课的考评中尚未普及。民主评议方式是提高学生思想道德修养的一种考评方式，它以批评和自我批评为主要方法，将学生自我评价与学生相互评价相结合，可以真实评价学生的思想表现，提高考评的信度。且这种考评方式坚持教育和自我教育相统一，能帮助学生形成自我意识。而且，这种考评方式也是一种多主体的考评方式。我们通过建立相应的思想政治理论课的网络课程，在对学生的道德评价中引入这种考评方式。这样既便捷，又可以清晰有效地凸显学生自评和他评的结果。

在新媒体时代，为了提高思想政治理论课的教学效果，高校应根据课程的具体情况，不断创新更有效的考评方式，并完善原有的考评方式，从而实现思想政治理论课考评方式的引导作用。

（三）加大力度，深化实践教学考评

思想政治理论课教学的效果如何，最终体现在学生身上，既包括学生在校的表现，又包括学生步入社会后参加工作的表现。因此，对于思想政治理论课教学效果的评价固然需要运用一定的知识标准进行检验，但这些知识能否真正被广大学生所掌握，转化为其分析、解决问题的能力，最终还需要接受实践标准的检验。然而，在思想政治理论课的实际教学中，思想政治理论课考评一直存在一种倾向，即重理论知识考评，轻实践教学考评。之所以出现这种倾向就在于思想政治理论课实践教学考评机制不完善，难以量化。因此，要深化实践教学考评，就要采用行之有效的考评方法，使思想政治理论课实践教学可以考评。思想政治理论课实践教学包括基地教育、研究实践、校园文化实践等多种形式。

深化实践教学考评方法：①要确立科学的实践考评目标。在具体的考评目标上实现由重理论概念考评向重应用能力考评转变，由重书本知识考评向重社会实践考评转变，由重考评结果向重学习过程转变，由重简易经验测试方法向重科学考试制度规范转变。在教学考评中适当引入社会成果评价的价值标准，利用培养考评“指挥棒”和引导大学生自觉学习马克思主义，并能够在实践中灵活运用，以形成良好的创新精神和能力。②要制订实践教学考评体系。对学生社会实践既要有“量”的标准，也要有“质”的标准。从实践的“量”上看，包括实践学时、实践报告的字数与格式、实践报告上交时间等；从实践的“质”上看，包括选题质量、实践态度、实践收获、实践报告的质量、实践手册的填写质量等。围绕着这些标准，定性评价与定量评价相结合，进行综合考评。③要优化考评方法，坚持自评与他评相结合的评价方法。在新媒体环境下，更有效的方法是用学生自我评价与学生间的评价、教师对学生的评价相结合的考评方式取代单一的教师考评。这种考评方法，有助于学生间的相互监督，自我约束，是教育与自我教育的统一，有利于培养学生的自律能力。对于实践教学考评方式的实现要建立在网络课程的教育平台上，要实行网络与现实相结合的方法。关于“量”的考核，都可以在网络上进行，而具体到“质”的考核，就需要学生们按照考核目标去做，主要由教师来把握，并结合学生的自评和他评，多种评价结合，得出学生的最终成绩。这是一种综合、全面、立体的考核。

（四）解放思想，推进拓展时空考评

新媒体时代，要解放思想，推进拓展时空考评，这是一种全程式的考评方式。这种考评方式更需要网络平台。所谓的拓展时空考评就是指扩大考评空间，延长考评时间，加强全程考评，使教学的实效能贯穿在教学的全过程。我国高校的思想政治理论课课程基本上都设置在大一和大二。因为，这个时期是大学生角色转换的重要时期，同时也是大学生的世界观、人生观、价值观形成的重要时期。在这个时期，大学生会面对很多困惑，如适应大学生活、专业学习与和思想成长、交友与恋爱等的困惑。而且，当学生面对这些困惑的时候，也特别渴望从这些课程的学习中找到摆脱困惑的方法。然而，当前的思想政治理论课常用考评方法是终结式的，对学生而言是“一考定成败”的考评方式。虽然它高效、直观地反映出学生的成绩，但是这种考评方式得出的成绩，只是简单考查学生对书本上基本理论知识的掌握的情况，随着教育的深入发展，这种考评方式根本无益于解决学生的困惑，从而导致思想政治教育没有效果。这种终结式的考评方式，根本无法体现出学生的政治素质、世界观、人生观等深层次的内容，因而它是一种适应应试教育的静态的考评模式。要想实现通过考评检测学生真实能力的目标，就必须要终结当下这种终结式的考评方式。关键是要解放思想，下工夫去拓展考评空间，延长考评时间，加强平时考评，变终结性考试为全程性考评，分阶段将考评情况积累才能综合反映学生的知识、能力和道德素质。这就要求每个学生在每个阶段的表现都有网络的跟踪记录，通过这样的跟踪记录，从而得出大学四年的最终成绩。

全程性的考评是一种过程中的考评，是用发展的眼光看待学生的。学生不是一成不变的个体，而是发展的个体。所以，学生的理论修养和品德修养也是发展着的。虽然每个学生修养的完善都有着自己的发展过程和发展情况，但是大学生正处于上升的发展阶段，因而仅凭借一次考试成绩来评判学生，是对学生成长和发展的无形扼杀。同时，全程性考评也是对学生思想政治教育可持续性的巩固。在此过程，既对学生的课程学习、为人处世进行全面考评，又为学生就业准备比较客观的资料，以便于用人单位能全面地了解毕业生的情况。

▶第三章

高校思想政治教育教学新媒体思维改革方法

第一节　依托互联网络拓宽高校思想政治教育领域

网络作为一种具有强大生命力的大众文化传播媒体，给人类社会带来深刻的影响。在网络环境中，大学生的思维方式、道德标准、价值取向甚至日常生活习惯都发生翻天覆地的变化。我们要跟上时代的发展，要想高校思想政治教育工作取得效果，就要研究网络以及由此而带来的新问题，积极探索面对新问题需要采取的对策。

一、发挥公众号作用，唱响思想政治教育主旋律

（一）加强内容建设，用公众号唱响主旋律

随着网络的快速发展，公众号数量不断增加、规模不断扩大，如何挖掘和呈现有价值的文章成为学生教育工作者非常重要的工作。高校思想政治教育公众号的内容可以包括很多方面，如思想政治理论学习、心理健康教育、就业指导、信息发布、美文推荐、社会热点、心情随笔等，学生教育工作者可以根据个人特长和爱好有选择地去安排内容。

加强思想政治教育公众号的内容建设，首先要注重的是文章主题的选择。文章的主题只有符合思想政治教育的“三个贴近”，即贴近实际、贴近生活、贴近学生，才能使公众号具有吸引力，才能使公众号的教育功能得以实现。

贴近实际是指公众号要了解当代社会发展现状对高校思想政治教育的现实要求，了解大学生的思想现状，回答大学生普遍关心、关注的热点、焦点问题。贴近生活是指公众号

的主题内容必须贴近大学生的实际生活，以润物无声的方式贴近学生的身边和现实，使学生真正地相信思想政治教育，信任思想政治教育者。如教育者随笔感悟类为主题的公众号，以其在教育、教学中所遇到的亲身经历，帮助学生解决自身成长中遇到的关于理想、信念、学习、情感、生活等问题而受到学生的喜爱。贴近学生就是指公众号在主题选择时应理解学生、尊重学生，教育者必须站在学生的立场看待问题，以此增强受教育者的信任和爱戴。思想政治教育公众号的内容必须选择和学生实际情况联系密切、困扰和影响学生现实学习、生活、情感的主题，包括学习、就业、恋爱、心理等方面的内容，才能够达到思想政治教育公众号的教育目的。

想要加强公众号内容的建设，还要建立健全校园公众号管理体制，加强监控、管理、干预和控制。为保证公众号不偏离社会主流文化的轨道，行政干预、网络立法、技术控制是常用的网络信息管理的手段与方法。高校应健全各类管理办法，并将其制度化，以及时过滤不真实的信息，防止垃圾信息、非法信息、骚扰信息及病毒信息的传播，避免其在学生中产生消极的影响。

（二）加强师生互动，及时发现和解决问题

虚拟的网络世界，多样性的互动公众号，促使大学生的全球视野、主体意识、民主观念等都充分得到提高。学生教育工作者可以通过公众号互动，与大学生广泛地交流，有意识地教育引导大学生提高思想政治素质、道德素质和心理素质。在互动中，学生教育工作者也应该充分地认识到，大学生处于特定的生理、心理成长期，无所顾忌地发表自己的看法和意见、抒写自己的心情，其中难免会出现一些偏激、极端甚至错误的思想和观点。面对这些问题，需要学生教育工作者及时发现学生反映出来的思想问题，并针对暴露出的新问题，及时进行引导和帮助，以提高思想政治教育的实效性。

学生教育工作者一方面可以通过浏览大学生的公众号了解他们的实际思想情况，同时借助公众号快速传播的特点，及时宣传党的重大方针政策。还可以通过与大学生的互动，了解大学生的需求，在大量信息资源中精选有针对性的、有说服力的教育材料，使思想政治教育真正能做到用事实来说话，以增强说服力。学生教育工作者也可以根据自己的公众号留言，收集大学生的意见和建议，了解他们的思想动态，及时进行沟通，形成反馈意见，从而使自己的思想政治教育能做到有的放矢。

（三）建立思想政治教育群组，共享教育资源

在信息技术高度发达的现代社会，在对大学生进行思想教育的过程中，思想政治教育社群好像一个开放的信息库，学生教育工作者可以随时与名师对话、与专家交流、与同行沟通，及时地获取其他高校学生教育工作者的教学经验、教育成果，保证信息更新的及时性，实现资源共享、优势互补，建立一个提高高校思想政治教育实效的新体系。在发生一些重大事件后，学生教育工作者可以通过高校思想政治教育公众号集群，对各高校学生的反应进行及时的沟通和疏导，或是在借鉴其他高校的信息基础上加强对本校学生的管理，这是维护高校的整体安全稳定的一个有效途径和方法。

建立思想政治教育群组，一要实现分类管理，高校思想政治教育博客集群可以根据学生教育工作者工作的内容划分为几个不同的群，如辅导员群、思想政治理论课教师群、心理健康教师群和就业指导教师群等，便于教师的交流和学生的浏览。二是建立制度管理，要建立分层次的制度体系，上级主管部门、各高校都要对思想政治教育博客的建设制定相应层面的激励制度、管理制度和考核制度，实现以制建博、以制推博，层层落实，齐抓共管。

二、加强高校论坛信息交互平台的舆论引导

自20世纪90年代以来，中国网络论坛是民意集散地和网络舆论的代名词，成为新闻宣传格局中与传统媒体相对峙的新领域，因此，应对网络论坛舆论成为舆论引导的重中之重。加强高校网络论坛的舆论引导在新时期具有更为重要的意义。

新时期用先进文化去占领高校论坛文化阵地，充分运用思想政治教育的优势，大力弘扬先进文化，使其步入健康发展的轨道，是构筑高校思想政治教育网络平台的关键任务。学生教育工作者要努力营造一个健康向上的网络文化氛围，为大学生提供一个良好的网上生活空间，牢牢把握网络思想政治教育的主动权，并拓展高校思想政治教育新领域。

（一）构建红色版区，开拓高校思想政治教育新渠道

当前，多元、多样、多变的社会意识形态相互交织，当其投射在高校论坛上时，如果我们不能加以正确引导，强化主流声音，就无法有效地抵御不良的思想对高校的传播渗透。因此，我们要建设好、管理好、运用好这一块阵地，努力构建红色版区，让崇高的理想信念和科学的理论观点占领、充实这个阵地，使马克思主义思想深入到论坛中去。

建立健全规章制度，加强对高校论坛的监管力度，能够使高校论坛在相对纯洁、干净的环境下，但这些方法只能治标，治本还在于建立和壮大马克思主义思想的网络阵地，把马克思主义思想引到高校论坛中去，构建以弘扬社会主旋律、倡导积极、健康、向上的理想信念的“红色论坛”，这是改变高校论坛中存在不良信息和腐朽思想的根本举措。红色版区内容涉及应广泛，接受大学生的阅读，允许大学生发表读后感，从而引导学生的思想，形成健康的观念。甚至我们可以根据学生感兴趣的话题，如就业问题、腐败问题、市场经济问题、产品质量问题等开设专栏，在版主和“意见领袖”的积极引导下，使大学生树立正确的世界观、人生观与价值观。

（二）培养“意见领袖”，提高舆论引导能力

每个高校论坛的每个版面都有自己固定的参与人群，而在这些所有的参与者中，一些观点鲜明、见解独到、文字表达能力强的人的发言往往会产生一定的影响，甚至左右其他人的看法，进而会产生引领、主导着整个论坛的舆论方向，成为特定群体中的中心人物，也就是我们所说的“意见领袖”。因此，学生教育工作者应选拔一批在政治上可靠的学生骨干或者学生辅导员、思想政治理论课教师来充当“意见领袖”，根据不同时期的思想政

治计划进行话题引导和控制舆论方向。其中，高校思想政治理论课教师具有丰富的理论知识、高尚的道德情操、良好的职业道德和较强的政治敏感性、政治鉴别力，综合素质较高，具备成为高校论坛意见领袖的最佳条件。因此，如果思想政治理论课教师成为版主，成为主体参与者，成为论坛的舆论领袖，而不是仲裁者和旁观者，可以切实提高高校论坛思想政治教育的效果。

（三）重视师生互动，使论坛成为师生思想交流的平台

在现实的思想政治教育过程中，思想政治教育往往以单向的说教为主，教育工作者虽然在其中充当的是一个说教者的角色，但由于网络环境的虚拟性，促使教育者不得不由思想政治理论的灌输者转变为教育过程的互动参与者，对学生进行答疑释惑，与学生积极开展网上思想交流，调动学生接受思想政治教育的主动性、积极性，把思想政治工作做细、做活。学生教育工作者要重视师生互动，坚持网络与现实、教育与引导相结合。

（四）规范站点规则，建立完善的论坛管理体系

一个论坛站点要想获得长远的发展，必须有完善的规章制度作为保证。第一，要建立相应的规章制度。全面完善的规章制度可以为网络行为提准则规范。第二，加强对高校论坛的监督管理。利用校园论坛开展思想政治教育，必须加强对论坛内容的监管。要设立专职人员，定期收集论坛中的相关舆情，建立预警及应急处理的工作机制。高校论坛中各种信息云集，能及时地反映出学生的思想动态。一旦发现某些倾向性、群体性的问题，能马上做出预警反应，针对问题主动出击。及时发现论坛中反映出大学生关注、关心的热点问题、焦点问题、难点问题和意见诉求，并化解舆情危机。如对于论坛中出现的导向存在偏差的言论，要予以正面引导；对于违反国家方针、政策和学校规定的错误信息，应及时予以屏蔽或删除，并对当事人进行批评教育，情节严重者还应提出处理意见。第三，构建高校论坛管理的技术平台。自教育部和团中央明确规定高校校园网论坛是校内网络用户信息交流的平台，要严格实行用户实名注册制度以来，全国各地高校已逐步建立起论坛校园实名注册制度，新注册者只有向论坛审核平台提供个人真实信息，在管理者审核合格后，才能成为正式的论坛成员。实名制认证是高校论坛管理上的一大突破，不仅有效控制不明身份的人员注册的数量，也规避非主流、不健康信息言论对校园稳定可能带来的不利影响，而且还能增加正式成员的责任感与归属感。但论坛实名制并不意味着在高校论坛上就形成安全的网络围墙，拥有规避网络舆情危机的法宝。校园论坛作为校园信息发布平台、师生日常生活沟通媒介，一些不实、具有危害性的信息观点、非理性的情绪表达必然充斥其中。包罗万象、四通八达的网络仅靠人力监管是不能彻底解决问题的。因此还要充分利用其技术及学科优势，精心建立校园论坛管理技术平台，独立研发或与相关优质企业机构合作开发先进有效的网络信息监控平台，及时发现和阻挡有害信息的源头，以促进校园论坛良性发展。

此外，各高校还可以通过建立和完善高校思想政治教育主体网站的方式来促进在新媒体背景下思想政治教育的发展。

第二节 利用即时通信技术开辟高校思想政治教育新空间

一、利用QQ搭建高校思想政治教育平等对话的交流平台

（一）通过QQ聊天开展个别化思想政治教育

在教育实践中，使用QQ可以缩短师生之间的空间距离，增进彼此了解；可以拉近师生之间的心理距离，打开学生心扉；教师同时也要尊重聊天对象的性格爱好，可做到因材施教。

教育工作者在与学生的交流中，首先，应做到尊重学生。尤其是在网络交往中，虚拟与现实并存，真实与虚假的信息混杂难以分辨，而网络交流内容不注意保密的话，也可能造成严重的现实后果。在与学生聊天或进行空间留言、评论时，要以亦师亦友的身份和公正、平等与关心的态度对待学生，用词应友好，语气要和善，切忌端着架子教育人。其次，要尽可能了解在网络交往中的网络交流特点和网络交往的规则，以减少与学生网上交流的障碍。另外，教师在与学生交流前，应该先了解一些学生的个人信息、空间日志等资料，尽可能熟悉学生的性格特征、兴趣爱好，这样能够做到因材施教，对于与学生展开进一步的深入交流是大有帮助的。

（二）发挥QQ群在思想政治教育中的舆论引导作用

（1）培养“意见领袖”，引导QQ群内舆论。

（2）精心设计热点话题，在QQ群内展开讨论。

（3）遇敏感问题，以“疏”为主，“疏”“堵”并用。

（4）培养学生的网络道德观。

（5）提高学生对信息的判断选择能力。

二、借助微博拓展高校思想政治教育新途径

微博从2006年诞生以来，以爆炸式发展的趋势影响着全世界，改变许多人的生活。微博正以其强大的功能影响着大学生。思想政治教育面临新的机遇和挑战，如何发挥微博的优势，已成为当前高校思想政治教育的新课题。

（一）正确认识微博，树立发挥微博教育功能新理念

微博的快速发展，不仅见证传播技术与传播手段的创新，更意味着思想教育、政治传播、意识形态建构的目标群体越来越庞大，领域越来越广阔，方式越来越灵活，监控越来越困难。这就要求高校的思想政治教育一定要深入研究微博的教育和传播功能，充分发挥

微博的思想政治教育作用，并帮助大学生树立正确的世界观、人生观、价值观、道德观，以引导大学生的思想道德品质朝着积极健康的方向发展。

以微博为代表的“微时代”的到来，在某种程度上消解了传统学生教育工作者信息传播的主导权和话语主导权。因此，新时期的学生教育工作者应解放思想，不断与时俱进，树立发挥微博教育功能的新理念、新思想。学生教育工作者可以通过开设个人微博，主动营造和不断扩大主流文化的舆论环境，充分发挥先进技术传播先进文化的优势，并成为微博空间中具有感召力的领军人物和意见领袖。一方面，对多元化的思想应给予包容和理解，对学生多进行人文关怀和心理疏导，善于捕捉“微言”里鲜活、积极的内涵，丰富并形成自己的话语体系，使思想政治教育语言更加时代化、通俗化和大众化，并增强思想政治教育的感染力。另一方面，使学生和教育工作者应充分地认识到，由于微博的交互性更强、传播速度更快，通过它的传播，正面的观念和情感能能得到正向强化，负面的观点和情绪也能够得到负向放大。因此，应积极主动介入，认真研究传播的理论，及时发现不稳定因素，并将其消灭在萌芽状态，切实提高思想政治教育的实效性。

（二）积极创建微博，构建思想政治教育新平台

微博作为大学生信息交换和人际交往的重要平台，已被大学生广泛接受，并成为大学校园里的一种普遍现象。高校应通过构建微博平台，充分利用微博对大学生进行思想政治教育，要切实发挥好微博的教育服务功能。

当前，微博在高校思想政治教育的作用还没有得到充分的发掘，有的高校学生教育工作者还没有意识到微博对高校思想政治教育带来的巨大影响，有的高校还没有探索到行之有效的利用微博进行思想政治教育的合理路径。对高校来说，创建微博平台应及时、科学、合理，并且要维护和运行好这个平台，主动经营微博阵地。通过建立特色微博，将主流意识形态、核心价值观与微博实现对接，将思想政治教育与学生微博的使用有效融合，利用新颖的主题、活泼的内容，吸引和凝聚学生，将网络新媒体带来的挑战转化为机遇，构建利用微博进行思想政治教育的平台，并充分发挥好微博的教育服务功能。

（三）科学使用微博，正确引领微博舆论导向

大学生广泛使用微博，在一定程度上引发校园舆情的形成、发展和传播的新态势，直接或间接地改变着高校思想政治教育的舆论文化、大学生的社会心理等。因此，思想政治教育工作者要积极创建微博并科学使用微博，对学生“微言”进行舆情观察，找出在个性化的私人话语中隐藏的价值观念、思想态度、行为取向；研判个性化“微言”向我们呈现的不同文化类型，以及这些文化的发展趋势和对主流文化的潜在影响；体察学生群体内心世界的变化，关注个体的精神世界和社会心理情况。

此外，高校思想政治教育还应建立舆论监测和信息的反馈机制。在微博中，一个不经意的消息就可能在学生中被无限放大，带来巨大的影响。因此，监测校园舆情有着重要意义，高校的宣传或思想政治部门，应通过用户数量、信息流量、舆论内容、学生关注和意识形态等指标，对校园的微博网络进行全面识别和分类管理。在危机前如何通过校园微博

洞察舆情，而危机产生后如何利用微博进行妥善处理，也是思想政治教育者需要主动探索的工作。

三、利用高校微信公众平台进行思想政治教育的新对策

高校微信公众平台作为新型的传播载体和育人平台，如何利用其对大学生进行思想政治教育，已成为广大学生教育工作者关注的问题。

（一）构建立体教育矩阵

以体制建设为保障，积极整合资源，构筑育人面广泛和完善的三级校园微信立体矩阵。第一，在高校内部，不仅有校办或宣传部代表学校创建并维护官方一级微信公众平台，而且存在各学院、部门与社团搭建的二级微信公众平台。二级平台有向一级平台提供本单位各类新闻信息的义务，同时享有在一级平台发布信息的权利。为了避免这些平台“各自为政”现象的出现，应对其实施统一领导，建立一级平台与二级平台立体互动的格局，实现信息资源的共享，并形成共同的发声机制，以服务于大学生的思想政治教育。第二，建立健全全校园内微信平台信息的发布及管理制度。由于网络裂变式传播的巨大影响，微信公众平台信息的选取与发布就显得非常关键。若信息发布不当，就会对大学生的世界观和思维方式形成不良的影响。高校要建立严格的信息采编和发布制度，建立相应的责任追究制度，形成科学合理的微信公众平台管理机制，保证信息发布的安全与规范，使高校微信公众平台真正承担起政策宣传、价值引领、文化传播和内外沟通的职责。

（二）努力提升平台质量

以内容建设为根本，提高创作质量，增强平台的感召力和影响力。第一，应注重内容的原创性和信息发布的及时性。微信平台发布的思想政治教育内容只有贴近生活、贴近实际，符合大学生的心理和情感需求，学生才愿意去了解、去关注、去交流。因此，要注重创造、创新，大力创造符合大学生身心特点的原创性作品，并及时将这些讯息传播到大学生身边。第二，要注重标题、语言及推动方式的趣味性，避免刻板、教条。只有符合以上条件的信息才能够吸引众多大学生的关注，从而对他们的世界观、人生观和价值观产生潜移默化的影响。

（三）完善平台运营模式

以转变运营理念为手段，以吸引用户参与平台建设，实现线上与线下教育的互动。第一，随着高校微信平台的发展与成熟，运营方式应由原来的“学校主体模式”或“学生主体模式”向以学校为主体，使学生配合参与的“校生共建模式”的过渡。第二，平台发布的内容应逐步实现由学校官方生产到学校官方生产与学生用户共同生产的转变。在这种双向交互中，信息的发布者与接收者一起创造出许多有价值的信息。此外，高校微信平台运营者可以通过赠送流量、话费、限量小礼物等物质形式，或者通过祝福、心语、悬念等形式，制作线上与线下交互式的信息活动产品，集聚人气，并形成大学生的关注焦点，以培养广泛而积极的参与感，进一步拓展用户的深度和广度，强化信息传播的效果。如通

过平台对思想政治教育课理论学习、专家讲座、校园实践活动等进行宣传、线下学习积极报名、踊跃参加，这种互动方式有助于强化思想政治教育工作的效果。

（四）保持持久活力

以队伍建设为目标，深入开展工作，使高校微信平台上的思想政治教育散发出永久的活力。第一，要借鉴和吸收其他平台的优点，探索并开发适合本校的微信后台端口功能。第二，要建立一支宣传专业知识过硬、责任感强、思想先进、政治可靠的校园微信平台管理队伍。高校微信平台的运营，离不开强有力的人才队伍的支持。要打造高品质、吸引力强且独具特色的高校官方微信平台，以上两点缺一不可。总之，只有掌握先进的传播技术与传播途径，才能生产出高质量的内容、有效掌控话语权、占领舆论阵地，也能使高校微信平台上的思想政治教育散发出永恒的魅力与活力。

第三节　积极引导大学生网络自组织

一、大学生网络自组织对高校思想政治教育的影响与启示

（一）影响

1. 积极影响

大学生网络自组织对高校思想政治教育的积极影响，主要反映在四个方面。

（1）提高思想政治教育的覆盖力与渗透力。新媒体多渠道和多样化的传播方式，决定大学生网络自组织具有内容更新周期短、传播速度快、资源获取便捷、素材鲜明生动等特点，这不仅能满足大学生的需求，做到贴近实际、贴近生活、贴近学生，而且还能进一步增强高校思想政治教育的吸引力和感染力。更为重要的是，其传播方式的丰富性增强思想政治教育的覆盖力与渗透力，从而大大提高高校思想政治教育的效率。高校应主动占领网络思想政治教育新阵地，借助各种有吸引力、符合时代主流的大学生网络自组织开展主题教育活动，发挥自组织的传播优势，进一步促进网络与现实思想政治教育合力的形成。大学生网络自组织作为青年学生交流的重要平台和开展校园文化活动的特殊阵地，同样具有群体舆论监督功能，高校思想政治教育工作者可以通过关注高校网络自组织的舆情，及时掌握大学生的思想动态，让大学生网络自组织客观上成为发现日常工作问题的“预警器”及反映高校青年学生思想动态的“晴雨表”，以达到助推高校思想政治教育覆盖力与渗透力的目的。

（2）拓展大学生的思想空间和实践平台。大学生网络自组织所具有的开放性、多样性的特征，使大学生的学习与实践更具有便捷性与实效性。与传统的学术讲座相比，大学生网络学习自组织更注重采取以讨论、协作为主的学习方式，在学术交流、资源共享和活动

开展上更加便捷，更加有效。从丰富大学生校园文化活动的角度讲，网络自组织为大学生提供更为丰富、更为广阔的思想空间和实践平台，起到“第二课堂”的作用。另外，网络自组织已成为青年学生联系社会、服务社会和奉献社会的重要渠道，可以说，大学生网络自组织在某种程度上，弥补传统思想政治教育的不足，提高学生创新教育和素质教育的效果。高校学生教育工作者应充分利用这一新载体，创建各种有吸引力和符合时代主流的精品型大学生群网络组织，主动占领高校思想政治教育的新阵地。

（3）实现思想政治教育主客体之间的互动。在高校中，广大青年学生精力充沛、身心活跃，他们对组织归属感有着强烈的心理需求，希望能够在集体生活中被关爱、关注和肯定。而大学生网络自组织以人性化、民主化、松散型的管理模式营造更加平等自由、更加宽松、更有人情味的组织氛围，组织的活动也更能切合青年学生的实际情况和兴趣，成员在自组织活动中也更容易获得尊重和肯定。这种情况为高校学生教育工作者创造了条件，他们在依托网络实施思想政治教育时，在教育者与受教育者的关系上，其身份上更具有融合性，双方都能较好地发挥其主体性。因此，大学生网络自组织就成为不同层次的大学生联络感情、交流思想的场所，形成心理调节和情感沟通的平台，为成员提供倾诉、发泄、调整和稳定情绪的机会和场合，在一定程度上为青年学生的心理调适起了积极作用，满足其“渴望关爱与集体归属”的文化心理需要，有助于他们的身心健康，也有助于安定和谐氛围的形成。

（4）加快高校思想政治教育目标的实现进程。大学生网络自组织的自由性、隐秘性、低成本性等特点，丰富和满足高校大学生的诸多需求。长期以来，在高校，团支部、班级等正式组织信息沟通方式以组织沟通为主，传播速度快但反馈不足，而且信息逐级传递容易产生曲解、误解的现象，信息失真并伴随着沟通涉及人数的增加而增加，内容、形式单一，具有强制通知的色彩，易引起学生的反感，而不被认可。大学生网络自组织的兴起，改变这种现状，网络自组织成员之间建立起以人际传播为主的信息沟通方式，主要通过网络渠道，摆脱组织制度性的压力，交流的双向性和平等性可以使信息传递更加快速，成员畅所欲言，内容丰富多样，更具有人情味，也使成员易于接受，客观上可以完善信息沟通的网络作用。另一方面，也可以检验学校各项工作的开展情况。高校思想政治教育的最终目标是实现大学生的全面发展，大学生网络自组织已经成为学生获得社会信息，沟通与社会联系的重要渠道，不仅丰富学生的社会生活和精神需求，而且也促进大学生的个性和能力的全面发展，从而加快高校思想政治教育目标的实现。

2. 消极影响

（1）大学生网络自组织成员的虚拟性，增加高校思想政治教育工作的难度。新媒体时代，网络环境以及网络自组织成员的虚拟性，不仅在一定程度上削弱高校思想政治教育的权威性和影响力，也加大高校思想政治教育引导的难度。这是因为，与现实生活中的社会组织相比，大学生网络自组织一般由于共同的兴趣爱好而聚到一起，依赖核心人物的凝聚力，没有完备的运行制度，采取开放式松散管理，容易滋生小团体意识，形成消极的小团体文化，尤其是容易把某种错误思想或舆论当成潮流。在传统组织中，高校学生和教育工作者可以运用管理手段对学生所接受的外界信息进行“过滤”，保持信息的“纯净”，但是在虚拟的网络环境中，由于对信息源的限制以及对信息的过滤难度较大，加之大学生网络自组织成员存在虚拟性，其活动具有不易掌控性，使高校学生和教育工作者难以实施对学生有效的引导和教育。

（2）大学生网络自组织的隐秘性，脱离高校思想政治教育工作者监督和管理的范围。网络发展，特别是微博、QQ 群等新媒体的发展为自组织的活动提供便利，但是这种便利同样也有可能为负面、消极的信息提供载体和渠道，加快消极信息的传播。而且这种信息传播模式相对隐蔽、不易发觉和控制，易造成消息误传和恐慌、激进等，也有的群体出现非理性行为。当前在高校的大学生网络自组织事实上游离于学校思想政治教育的覆盖之外，这种在覆盖之外的大学生网络组织对和谐校园构成一种潜在的隐患。

（3）大学生网络自组织的高认同性，削弱高校思想政治教育的影响力。与传统组织相比，由于大学生网络自组织是非正式组织，可以自由、虚拟地注册，同时加入成本比较低，所以内部的关系相对于现实群体而言变得更加松散、自由、轻松。在自组织内部，成员自主性强，拥有无与伦比的言论自由和最少的限制，自组织活动具有针对性、丰富且有特色，同时参与程度高，具有很强的凝聚力，相应地消解着高校校园内正式社团的凝聚力。

（二）启示

1. 教育空间：由“学校空间”向“学校＋网络”空间转变

长期以来，传统的高校思想政治教育主要立足“学校空间”，通过课堂教育、校园文化、社会实践等现实空间环节作用于大学生，已形成思想政治教育的自身优势。新媒体的发展改变高校思想政治教育的途径和方式，大学生网络自组织更是为思想政治教育提供新的立足点和切入点。它不仅注重教育的时代性、互动性和实效性，丰富新媒体时代高校思想政治教育的内容，还进一步扩大思想政治教育的覆盖面，成为传统“学校空间”教育的有益补充，更有助于高校思想政治教育在继承优良传统的同时改进创新教育的方式和方法。面对当代大学生思想实际情况，仅凭“学校空间”教育已经远远不够，其结果将会削弱思想政治教育的功能，还将会严重脱离当前高校思想政治教育的实际需求。因此，高校思想政治教育必须与时俱进，充分吸纳和运用新媒体的优势，推进高校思想政治教育空间由“学校空间”向“学校＋网络”空间的转变。

2. 教育内容：由整齐划一向注重个性转变

社会高速发展时期，当代大学生的价值观念随之发生嬗变，表现出意识形态和价值多元化的趋势。目前，我国高校思想政治教育还处于一种相对传统的模式中，比较注重教育内容整齐划一，重整体、轻个别，缺乏有效的针对性。大学生网络自组织之所以具有强大的吸引力，其中一个重要原因就在于它坚持多样性与个性化并存。从整体发展上来看，大学生网络自组织呈现出多样性的特点。第一，从组织类型上看，大学生网络自组织的类型种类繁多，如趣缘关系型、业缘关系型、地缘关系型、利缘关系型和公益慈善型等各种类型的网络自组织。第二，从组织存在形式上看，虽然大学生网络自组织是以网络为平台而设立的，但是依托网络形式却是多种多样，如 QQ 群、微信、微博、网络论坛等。组织类型的多样化和组织形式的多元化，必然在给大学生网络自组织的发展带来多样性的同时，又使其呈现出个性化的特点，主要体现在大学生网络自组织本身能够依据自身特点的有序发展，各个组织之间并没有盲目从众，而是依据自身的特点和组织成员的需求独立发展的。此外，大学生网络自组织内部成员大多是一些个性鲜明的高校青年学生，且组织发展并不以牺牲组织成员的自由性和个性化为前提，这就给组织成员本身提供一个相对独立的交流和发展空间，保证组织成员个性化的特点。大学生网络自组织具有的多样性与个性化并存的特点再次证明，高校思想政治教育在强调共性的同时，也要注意保持个性。高校学生和教育工作者必须充分认识到，当前，大学生网络自组织为人的个性化发展提供条件或可能，人的个性化也呼唤高校思想政治教育的个性化，更加注重个性化教育将成为高校思想政治教育发展的必然趋势。

3. 教育模式：由灌输塑造向自主建构转变

灌输塑造是我国思想政治教育传统的常用方法。该方法简单易操作，符合中国传统观念的“尊师重道”，强调教师在整个教育、教学活动中的核心地位，学生仅作为被灌输和被教育的对象，常造成教育成为观念的说教和行为的塑造。事实上，在思想政治教育认同的过程中，不仅是学生本人对教育者传授的结果，也是学生主体积极参与并学习体验的结果。

随着网络的普及，大学生网络自组织的组织形式和外延呈现出多样化的特征，微博、QQ 群、MSN、专业论坛成为大学生之间重要的学习和交流平台。由于大学生网络自组织中个体的目标具有内在一致性，每位个体成员所共享的信息就会明显大于其他类型的组织，多样化的大学生网络自组织形式也使得群体内成员可以更加及时、方便、广泛、深入地讨论，成员的学习和讨论不再受到时间和空间的限制。具体而言，大学生网络自组织的包容性和开放性使得学生网络自组织基本不存在信息门槛和时间限制，可以实现信息的大规模共享，为年轻一代大学生提供一个全新的学习环境和学习空间，由于网络平台的知识创新和传播具有信息时效性强、传播速度快、资源量大等优点，从而极大地激发大学生的学习热情，成为年轻大学生的一个重要的学习平台。基于这种现状，以往那种“灌输塑造”的教育方式已经远远不能适应大学生的内在需求。高校学生和教育工作者必须清醒地看到大学生网络自组织发展带来的新变化，充分认识到大学生在教育中的主体地位，切实地把大学生看作是一个具有独特个性的主体，而不是将其看作是可以将自己的意志强加于其身上的个体；思想政治教育应由单向的灌输塑造模式，转变为双向沟通，进而使受教育者成为教育的自主建构者。

4. 教育目标：由政治素质向“政治素质＋能力素质”转变

高校是国家知识创新、技术创新、人才创新的主要基地，是推动经济和社会发展的重要力量，毫无疑问学校教育应把坚持正确的政治方向放在首位，高校思想政治教育应为社会主义服务和为人民服务。但是高校思想政治教育是涵盖政治、思想、道德、心理、审美、法纪等内容的多层次、多角度、多渠道的立体教育，其目标定位应充分考虑到素质教育的要求，如果孤立地突出政治素质要求，而忽略其他素质的要求，就会导致“结构”上的比例失调。为了适应社会主义现代化建设的发展，其目标定位在突出政治素质的同时，应加强对大学生思想、道德、心理、审美、法纪等素质的培养，探索大学生能力素质的开发和提升，引导大学生自我完善，并达到全面发展的目的。

大学生网络自组织的发展，为开发和提升青年学生能力素质开辟新的途径，最主要体现在两个方面。首先，网络自组织有助于拓展大学生的社会网络。在网络通信技术迅速发展的基础上，通过网络自组织来进行社会交流与沟通，是青年大学生进行社会实践尝试的一种新方式，网络给大学生提供一个理想的交流环境，弥补现实交往环境中的许多不足，从而对大学生的社会网络形成一定的影响。这种影响力会形成具有与现实维度不同的特质，进而赋予大学生社会网络全新的内容和外在表现。其次，网络自组织有助于提高大学生的社会资本。社会资本指的是在一个社会网络中，参与个体共同拥有的协同合作的声誉。拥有这样的声誉能够为其带来许多优势和利益，主要包括降低交易成本、方便与外部群体的对接，进而带来额外的收益。由于大学生网络自组织内部存在着广泛的协同合作，使众多大学生个体的协同不仅可以形成网络信息的语言结构，同时也可以使个体共同获得良好的声誉，并提高大学生的社会资本。

二、新媒体时代大学生网络自组织的引导与管理

加强对大学生网络自组织的引导和管理，是新媒体时代高校学生教育工作者面临的一项新任务，需要我们在实践中不断地总结经验，从而更好地发挥大学生网络自组织在促进大学生成长成才方面的积极作用。

（一）正确认识大学生网络自组织，努力掌握其发展规律

大学生网络自组织是一把双刃剑，其正向发展对高校和社会的安定和谐有着极其重要的意义，如果其发展受挫或者误入歧途，则会对高校和社会的稳定和团结产生不利的影响。因此高校应该转变思想观念，突出“以人为本”“服务育人”的高校网络大学生自组织的创新理念。正确定位大学生网络自组织，了解大学生网络自组织的重要性和危害性，同时正确看待这类自组织在学校和社会舆论上的重要性。

（1）我们应该清楚地认识到，大学生网络自组织出现是客观必然的，它的产生是社会、经济和网络技术共同发展的结果，并且发展速度惊人，类型多种多样，对广大高校大学生的影响力也在进一步加大，它的发展对高校乃至社会的稳定意义重大。

（2）我们应该辩证地去看待大学生网络自组织的出现和发展，以及组织内部的一些问题，我们不能只看到大学生网络自组织影响高校稳定的一面，更要看到其在高校学风建设和促进高校稳定团结等方面正在发挥着重要的作用。我们应从大学生网络自组织本身存在的规律和特点出发，本着实事求是的态度，深入研究、正确定位、辩证地看待大学生网络

自组织的产生和发展规律，并为正确引导大学生网络自组织建设提供理论基础。

（3）我们要从推动政策制定的要求出发，深入研究大学生网络自组织产生、发展、成长过程中的规律性，了解其在各个成长阶段独特的发展需求，在摸清基本情况的基础上，把握基准数据，为制定切实可行的扶持、监管、服务举措奠定基础，使大学生网络自组织的工作更具有针对性、操作性、实效性。

（二）促进大学生网络自组织与传统组织间的互动，积极营造合作共赢的关系

1. 要强化正式组织的内聚力，不断拓展覆盖方式

高校正式组织和大学生网络自组织之间存在着一种互动关系。因此，大学生网络自组织的产生和发展对高校学生管理工作而言，既是机遇，也是挑战。高校要着力加强各级团组织、学生会组织、班集体、各种社团的建设，充分发挥团结学生、组织学生、教育学生的功能，使他们在日常工作、学习和生活中起到中坚作用，用集体的力量去影响和教育网络自组织成员。要强化自组织成员在正式组织中的角色意识和集体荣誉感，使他们在正式组织中有一个可以发挥自己才华、展示一技之长的机会和场所。高校应积极创造条件多开展既适合大学生特点，又能丰富多彩的校园文化活动，充分发挥校园文化的教育引导功能、娱乐休闲功能和抵制不良风气的功能，让校园文化活动以自身的权威性、凝聚力、亲和力和感召力来影响大学生网络自组织成员。

2. 要发挥正式组织的群体引导和服务功能

大学生网络自组织由于自身较大的开放度、成员素质参差不齐、组织运作资金的紧张及自组织管理松散，对于成员的约束性不大等原因，导致网络自组织的行为表现出很多不文明甚至是违法的现象。有很多较为进步的大学生网络自组织，进行一些文明倡导活动，但由于自身组织规模与影响力等因素的限制，倡导的影响力只能在本高校和邻近高校的一定范围内起作用。相比之下，作为高校中正式组织的共青团、学生会、青年志愿者等，他们拥有广泛的群众基础与社会资源，可以在更广、更深的层面上建立自组织文明行为的引导和服务功能，并扩大社会影响力。如共青团作为青年群体的政府组织，可通过设立品牌活动项目，以网络自组织为核心，围绕网络自组织的价值体验、发展和实现，通过行政化、市场化、创新化的手段将网络自组织联系起来，以活动项目引导网络自组织的健康发展；利用与政府联系紧密的天然优势，倡导建立政府对大学生网络自组织的资助机制，或者以共青团组织为担保，牵头组织建立网络自组织捐赠和筹款的自我循环机制。

3. 要主动联合，积极营造合作共赢的互动关系

构建共青团组织与大学生网络自组织合作共赢关系，是适应青年流向分布多变化、就业方式多元化、民主参与强烈化、正当需求多元化的需要。高校思想政治教育工作者应当倡导共青团组织通过加强服务，主动联合，积极构建合作共赢的互动关系。一是要建立联

系协调机制。大学生网络自组织往往覆盖团组织难以覆盖的领域内的青年群体，加强与大学生网络自组织的联系协调对于拓展传统青年组织的覆盖具有十分重要的意义。对于有意愿加强与共青团组织联系的大学生网络自组织，可通过项目合作、建立共建关系，发展其骨干为志愿服务协会理事，推荐其骨干人员成为青联委员等形式，加强其与共青团组织的联系。二是要建立指导扶持机制。要主动为有需求的大学生网络自组织开展活动创造条件，帮助网络自组织健全内部管理制度，在服务中加强对大学生网络自组织的引导，对承接共青团组织服务项目的网络自组织可以给予相应资金上的支持。三是要积极搭建展示平台。通过联合举办区域性的大学生网络自组织展示、交流活动，促进大学生网络自组织之间的相互交流、相互借鉴，从而提高各网络自组织的运营水平。值得注意的是，在互动中应适度借鉴大学生网络自组织的自主管理模式，并充分利用网络平台的覆盖优势，以促进二者的自愿联动格局和组织融合格局的实现。

（三）坚持分类引导，服务大学生网络自组织的健康发展

1. 要对大学生网络自组织进行分类引导

高校思想政治教育工作者在对大学生网络自组织进行引导工作时，应当依据大学生网络自组织自身特点分类引导。可根据大学生网络自组织舆论积极程度将其分为三种类型。①舆论导向正向型。这种类型的大学生网络自组织积极上进，并且具有正确的舆论导向，网络自组织本身具有良好的组织性和引导性。高校思想政治教育工作者在引导此类自组织时，需要对其提供理论知识的辅导与政策上的支持，加强自组织的内部凝聚力。②舆论导向负面型。这类自组织具有一定的消极性和破坏性，是影响高校校园安定团结的不稳定因素，这类组织的成员大多在生活和学习中屡屡受挫，于是便到网络上发泄自己的不满、宣泄情绪。作为高校学生教育工作者，我们在对待这类自组织时应当进行重点引导，并对其进行实时监控，积极向他们普及文明上网的相关法律法规，通过网络平台了解他们的诉求，并在线下为他们提供针对性的服务。③舆论导向中立型。这类自组织往往是一些建立时间较长的，自组织成员组织动力不强。对待这种类型的大学生网络自组织，高校思想政治教育工作者应发挥自身的资源优势，尽可能为其提供所需的资源，帮助其树立社会主义核心价值体系的目标，并扩大其影响力，使其向正向型自组织靠近。高校思想政治教育工作者在引导大学生网络自组织建设的同时，应时刻注重自己角色的转变。这就要求高校思想政治教育工作者要在转变思想观念的同时扮演好服务的角色，时刻从大学生网络自组织成员的需求出发，服务和帮助网络自组织的建设和发展。

2. 要做好核心人物的引导

大学生网络自组织往往有一些在群体成员相互交往和共同活动中自发形成的核心人物和骨干成员，他们具有能力强、威信高、善于关心和团结他人等特点，能影响其他成员的思想和活动，对网络自组织目标和规范的确立有着决定性的作用。对既是学生正式组织的骨干，又是大学生网络自组织的核心人物者，可以提要求、交任务、压担子，使其在双重角色上明辨是非、认清利害关系，做好自组织成员的引导工作；对部分在学生中造成不良

影响，并带有消极倾向的网络自组织，对其核心人物，要动之以情、晓之以理，正确对待他们的精神和物质需求，对于一些不合理的或一时不能解决的问题，也要给予说明、解释，努力做好说服和教育工作；对优秀网络自组织的“领袖人物”，可以让其在正式组织中担任一定的职务，以利其所在的自组织与正式组织在价值取向等方面趋于一致，从而缓解带有消极倾向的网络自组织与正式组织间的矛盾和冲突。

3．要坚持服务和管理相结合的原则

我们在加强高校网络大学生自组织建设时，应注重管理和服务相结合，这样可以有效的提升高校网络青年学生自组织成员的认同感，从而提升高校学生教育工作者在引导时的有效性和针对性。管理和服务相结合的原则是指高校学生教育工作者在引导高校网络大学生自组织时，应同时具备的两种职能，即管理职能和服务职能。管理是指高校思想政治教育工作者在引导大学生网络自组织时，应当时刻铭记管理者的职责，充分调动身边资源，做好大学生网络自组织的引导工作，在管理的阶段一定要注重转变思想观念，针对大学生网络自身的特点，以低姿态介入，并以柔和的管理方式进行管理和引导工作。服务是指高校学生教育工作者在引导大学生网络自组织时，应转变思想观念扮演好服务的角色，时刻从大学生网络自组织成员的需求出发，服务和帮助大学生网络自组织的建设和发展，真正把满足大学生网络自组织的需求作为衡量工作的标准。坚持管理和服务相结合的原则，一方面可以使高校思想政治教育工作者对大学生网络自组织的管理更加人性化，更好地发挥管理优势，达到管理的目的；另一方面，能够普遍增强大学生网络自组织成员的认同感，拉近彼此之间的距离，方便对其开展引导工作。同时，高校学生教育工作者只有在与大学生进行充分交往、交流、互动的前提下，才能及时发现网络舆情信息，并避免群体性事件的发生。

（四）加强大学生网络自组织自身建设，不断提高规范化程度

1．要加强大学生网络自组织自我管理、自我服务的能力

大学生网络自组织作为独立的社会组织，应优化对本组织事务和活动的管理，包括组织成员能充分参与组织活动的决议，组织能顺利表达和反映成员的利益要求，组织活动的运行和开展情况都在组织的可控范围内等。其中，网络自组织本身有足够能力控制本组织活动的发展是关键。网络自组织的自我服务能力主要体现在可以充分挖掘、利用本组织的资源来满足组织成员的需求。

2．要提高大学生网络自组织的自身价值判断力和社会责任感

大学生网络自组织对社会稳定产生的负面影响，往往因其对社会热点问题的极度不满而产生破坏性的情绪，从而可引发大规模的骚乱。很多时候，大学生本身的激进和片面影响他们对事情的判断，加上自组织活动内部成员的从众性，对社会事件的价值判断往往有偏颇，因而，大学生网络自组织应加强自身的价值判断力，冷静全面的分析问题，理性看待社会的热点事件。另外，一些成员在社会热点爆发时的活动目的本身是处于自身情绪发泄的需求，而非内心社会责任感的外化，甚至仅出于对一己私利的满足，这从客观上就要

求网络自组织成员需要加强自身道德修养，培育诚信、正直、善良的思想品德，认识国情民意，培养对国家、对社会的责任感。

3. *要提高大学生网络自组织成员的个体网络素养*

提高网络素养简单来说就是提高大学生对待网络的态度与方式，以提高大学生对各类网络信息的解读、批判和应用能力，并增强大学生在复杂的网络信息生态中的辨别力、批判力与免疫力，提高对网络行为的自我管理能力，教育大学生除了知道网络信息说什么、谁在说、怎么说等以外，更应该了解为什么这样说，了解个人与网络之间的关系和信息的多样性。面对错综复杂的网络世界，大学生应当随时保持清醒的头脑，这是一个充满诱惑和抗争的过程，也是一个不断挑战自我、不断发展和完善自我、不断积极进取的过程。另外，大学生还应增强网络安全意识及网络法律意识，以此增强分析辨别网络信息的能力，科学客观地选择网络上的信息内容，提高甄别信息的能力以及自控和自我调节的能力，最大限度地抵消和消除垃圾信息及有害信息的干扰和侵蚀。

第四节　新媒体时代高校思想政治教育的共享社区模式构建与评估

一、高校思想政治教育共享社区模式构建的现实意义

在新媒体时代，构建高校思想政治教育共享社区模式，具有以下现实意义。

（一）有利于打破时空限制，突出思想政治教育的过程性

思想政治教育本身是一种过程性的教育，这种过程性教育不仅体现在课堂教学中，任何一种不经意的鲜活的生活体验，都可能会产生一种真善美的感染力。当前，受传统大学教育学科体系的影响，我国大学生的课程学习、社会交往及活动范围绝大多数都有一定的时间和地域限制，其形式还是以课堂教育为主，课堂教学以师生时间与空间上的在场为前提。这种主要以文本知识和教育者单向传输为主的思想政治教育，师生的在场本身是一个客观事实，这样一个事实性条件如何运用，将决定课堂教学能否发挥应有的育人价值。正因为存在如此对在场性的苛刻要求，也实际上是在为思想政治教育工作者和受教育者画了一个圈，很多进行思想政治教育的契机往往就是这样失去的。新媒体依托数字技术、计算机网络技术和移动通讯技术而形成巨大的共享社区，教育信息传播即时、开放，较之以往任何一种传播技术和交流工具，都有根本性的跨越，这为突破时空限制的校外教育提供了可能。

（二）有利于提高主体性，打造思想政治教育学习共同体

共享社区可以增强思想政治教育主体的自由选择权，在一定程度上将调动他们的主观

能动性。从学习者的角度来说，想获得知识技能，就必须通过群体才能得以实现，并通过专家、同伴间的互动，学习是与群体或者环境相互合作与互动的过程，个体与特定的社会团体之间的相互作用是学习途径和方法的核心所在。个体在学习过程中，通过直接或间接的方式学习或者传递共同的经验与社会规范，从而不断地培养意志品质和实践能力，塑造自己在学习共同体中的身份与关系。

（三）有利于集聚社会有限资源，提升大学生接受思想政治教育的公平性

共享社区能够迅速集聚社会的有限资源，使得教学资源和教学设备的功能无形增大，达到提升高校办学层次和水平、降低办学成本的目的。这既是高校加快自身发展的内在需求，也是现阶段高等教育发展的战略选择。现阶段的教育公平，对每位社会成员来说就是要在享受公共教育资源时，均能受到公正和平等的对待。

（四）有利于引导正确的文化选择，营造思想政治教育的文化环境

当代大学生面临着多元文化的选择。文化选择的正确与否，不仅关系着大学生思想政治素养的提升，也关系着大学生人生道路的选择。要使文化选择有利于大学生的健康成长，就必须引导他们不断增强文化的鉴别能力。在思想政治教育共享社区里，呈现给大学生的是思想文化盛宴，他们有机会接触到外校优秀教师上的精品课，体会到不同大学的人文特色，感受到不同文化之间的碰撞。这为全面提升学生的科学、人文素养和文化品位，开阔社会人生视野，提供了可能。

二、新媒体时代高校思想政治教育共享社区模式的结构

新媒体时代高校思想政治教育共享社区的组织结构，从总体上分为核心领导层、管理执行层和参与层。

（一）核心领导层

核心领导层是指整个社区中定义前沿问题的人或者组织，是管理层思想领袖，也可以是具有丰富经验、德高望重的思想政治教育专家或者专家团，他们将引导整个社区思想政治教育的方向。

（二）管理执行层

管理执行层负责整个社区的日常运作，可以分为信息协调员和新媒体支持服务人员，以辅导员、思想政治理论课教师、学生干部、毕业生党员为骨干，负责整合、编辑面向学生的相关信息。协调员一般由组织中较受人尊重的成员担任，他们的任务是将先进的思想或者核心专家的意见进行分解、吸收外部专家以及与各个领导协调工作等，并且对于整个社区中每天挖掘或者产生的新知识进行归并、整理。新媒体支持人员则负责系统的维护和更新等。

（三）参与层

参与层由很多独立的学习小组所组成，可以是以班级为单位，也可以是以大学生社团为单位，每个社团都是由一些有共同兴趣或具备相同专业背景的成员组成的，他们在基于

新媒体的环境中进行自由的讨论，讨论的话题一般可以是社会热点问题，也可以是自己关心的各种话题。每个社团内部都要选举出2~3名管理员，以学生干部、毕业生党员为骨干，负责整合、编辑面向学生的相关信息；他们需要具有极强的意志控制力和逻辑思维能力，同时具有一定说服能力；他们的任务是协助社区管理层的日常工作，审核其他成员的发言、引导学习共同体讨论的方向，以及整理这个共同体小组中各成员的成果等。原则上每个学习共同体之间没有固定的界限，成员可以自由进出其他的学习共同体；集聚各种优势资源，共享共建各种资源，从而形成一个兼容各层级的学习共同体。

三、新媒体时代高校思想政治教育共享社区模式的运行路径

（一）注重三环对接，共建社区和谐化

1. 大力推进思想观念的对接，达成思想意识的共识性

新媒体时代的思想政治教育共享社区在认识上要达成共识。资源的开放关键取决于社区主体和个人的认识。在传统意义上，社区组织所讲究的是上、下级的关系，是纵向的，而反映在思想政治教育中，则是与受教育者的被灌输、被教育的关系。而社会的发展要求同时建立另外一种横向的结构，在这种结构里，各成员之间最重要的关系不是隶属，而是唇齿相依。任何一位成员都有义务、有责任为社区的发展做出力所能及的贡献，从而达成社区共建、共荣的共识。此外，随着经济全球化趋势的日益加剧和社会化程度的日益提高，尤其是新媒体技术的日益发展，信息沟通也随之变得更加迅捷和广泛，各种思潮不断进行着冲突和融合，如国内传统文化和现代文化之间的冲突和融合；西方资本主义国家和国内政治、经济、文化之间的冲突和融合；理想与现实之间的冲突和融合等。主体意识不断增强的大学生是对这些冲突和融合最为敏感、也是最能产生影响的群体。因此，共享社区应以社会主义核心价值体系为引领，实现思想观念的对接，以达成思想共识，这是思想政治教育共享社区一切社区行为的基础。

2. 强化认知与行为的对接，养成思想政治教育的行动性

高校思想政治教育工作中经常面临这样的难题：知行不一。为解决这样的矛盾，需要在思想政治教育中强化认知和行为的对接与超越。共享社区是一个系统，为各个个体提供一定的约束机制。在社会主义核心价值体系的引领下，共享社区中，信息协调员通过各种途径将社会要求的政治观点、思想体系、道德规范灌输给受教育者，影响受教育者的认知，并转化为个体意识和动机。同时，在这个社区大系统中，通过各种约束机制，促进认知与行为的对接，实现思想政治教育的内化与外化的对接，使受教育者把个体意识和动机转化为良好的行动习惯。

3. 实现虚拟社区与现实社区的对接，增强思想政治教育的实效性

新媒体时代，虚拟社会给有共同兴趣爱好的大学生交流沟通的平台提供一种新的交流和工作方式，甚至一种全新的生活方式，这种新的社会组织形式越来越凸显对当代大学生的影响力。与传统思想政治教育阵地相对固定、覆盖面窄、信息资源滞后的局限相比，新

媒体具有最先拥有新信息、新资源和最先关注社会热点、体现时代气息等优势，成为开展高校思想政治教育最具时代性的新阵地。学生和教育工作者必须充分利用新媒体技术，密切洞悉生活中的变化，尤其是要对那些反映时代特征的活动形式和内容予以格外关注，并结合思想政治教育的目标加以整合，将其纳入现实的思想政治教育活动过程中加以引导和规范。因此，基于对新媒体的共享社区建设，应该努力实现二者的对接融合，使高校思想政治教育更具时代性和实效性。

（二）聚合优质资源，加速共享资源集成化

媒体化主要在于媒体技术的成熟，媒体技术之间的无缝链接。新媒体时代，数字化通讯已然成为主流，各种各样的通讯媒体更加支持各种资源的整合与共享。思想政治教育资源共享表现在以下几个方面。首先是共享优质课程的资源。新媒体为思想政治教育课程资源的集聚提供物质条件，思想政治教育资源首先有一个集中的过程，包括教材、教案、课件、案例等教学资源的集中和分布式网络提供的各种各样的学习资源的汇聚。共享社区中的信息协调员，通过各种方法，将这些资源进行集聚再到集成，通过整合，形成优质的资源。其次，学习经历资源的共享。如前文所述，在这个共享社区中，更多是以学习共同体为主，将合作与协作做到优势互补。再次，学习体验资源的共享，在这个共享社区中，所有人都成为学习者和教育者，知识是在活动和互动中获得的，而思想政治教育更体现过程性。这种基于媒体化层面的资源集成更加具有人性化，更重要的是能满足每位学生的个性学习需求，使每个人都能在这样共享的环境中逐渐养成高尚的思想道德情操，从而形成崇高的政治思想素养。

（三）构建新媒体多元化平台，促成思想政治教育扁平化

思想政治教育共享社区建设的最终目标，是提高整个社区成员的整体思想政治素质。传统意义上的思想政治教育载体的形态可以划分为课程载体、活动载体、管理载体、大众传媒载体、谈话及心理咨询载体，在共享社区中都各具特点，承担着不可或缺的重任。在思想政治教育共享社区里，除了将这些载体进行科学整合，形成合力外，还要进一步拓展新的思路。为此，需要积极探索思想政治教育新阵地，以新媒体为技术基础，构建多元化平台，畅通信息传送渠道，促成思想政治教育常规化。例如，通过搭建微博平台，促进社区组织各成员之间通过电脑或手机进行多层次、平等性的交流，及时把握学生动态，广泛开展网络舆情收集。再如通过“心灵驿站”等讨论版的建立，搭建与学生心灵沟通的桥梁。在复杂的多元化背景下的90后、00后的个性张扬的大学生，遇到郁闷、烦躁、人际交往方面的困惑，他们并不太愿意直接面对面地和老师交流，出现这种类似情况，可通过在线心理咨询，积极引导大学生树立正确的健康的生活观、人际观，以帮助排解心中的纠结。QQ群共享或者讨论组，则给大学生提供一个大众交流的即时空间，并成为大学生学习、生活依赖的场所。学生和老师的共同参与，为及时了解和解决学生学习、生活中的实际问题创造一定的条件，真正在虚拟的网络世界里架起一道真实的师生心理沟通的桥梁。这种扁平化的方式，使高校思想政治教育的共享资源能够发挥更大的作用。

四、新媒体时代高校思想政治教育共享社区模式的运行机制

（一）领导机制

领导机制是高校思想政治教育共享社区模式运行机制的关键性环节。中共中央对高校学生思想政治教育的领导机制提出明确要求，要求高校党委加强对高校思想政治教育的领导，校长对学生的德智体全面发展负责，建立和完善校长及行政系统为主实施的思想政治教育管理机制。而在实际工作中，真正建立起这种健全的领导管理机制的高校并不多，只有党委管理思想政治教育并组织实施。这种机制使思想政治教育与其他工作形成两条平行线，相互独立，不仅难以渗透、融合，也难以做到把思想政治教育贯穿在教育的全过程，落实在教学、管理、后勤服务的各个环节中。新媒体时代，想要充分发挥思想政治共享社区模式的整体效能，就必须创新高校思想政治教育领导机制，真正形成党、政、工、团、学分工负责、齐抓共管的思想政治教育工作格局。

1. 优化组织结构，建设高素质的干部队伍

高校学生教育工作队伍是加强和改进思想政治教育组织的保证。建设一支精干、高素质的高校思想政治教育队伍，是保证思想政治教育共享社区模式运行机制正常运转的不可缺少的重要力量。目前，尤其要抓好三支队伍建设：一是建设好一支稳定的党务干部队伍；二是建设好一支政治信念坚定、业务能力强的思想政治理论课教师队伍；三是从改善结构，提高素质入手，抓好以党员为核心的学生骨干队伍建设。

2. 加强部门之间的协调联动

实现部门之间的协调联动，关键在于党政配合。高校党政领导应经常分析新媒体时代大学生的思想情况和思想政治教育工作情况，制订思想政治教育的总体规划，对高校思想政治教育做出全面部署和安排。学校各部门应制订和完善相关规定和政策，明确职责和考核方法，真正形成教书育人、管理育人、服务育人的良好氛围和工作环境。任课教师应提高师德和业务水平、爱岗敬业、教书育人、为人师表，并以良好的思想政治素质和道德风范影响和教育学生。学校管理部门应体现育人导向，把严格日常管理与引导大学生遵纪守法，养成良好习惯相结合。后勤服务人员应努力搞好后勤保障，为大学生办实事、办好事，使大学生在优质服务中受到感染和教育。只有各部门密切协作，认真履行各自的职责，才能把加强和改进思想政治教育的各项任务真正落到实处。

3. 建立健全层级责任制

根据新媒体技术的特点和思想政治教育进网络工作的需求，在领导干部和学生思想政治工作干部队伍中，一定要强化责任意识，系统制定相关的规章制度，明确权责关系，做到逐级落实，努力形成“党委领导、党政结合、强化行政、齐抓共管”的思想政治教育一体化的运行机制。这样做就有利于高校党政领导驾驭思想政治教育的全局，有利于把构建思想政治教育共享社区模式纳入党政领导的职责中。

（二）预警机制

预警机制是高校思想政治教育共享社区模式运行机制的保证。所谓新媒体时代高校思想政治教育预警机制，就是通过多种渠道，准确了解共享社区内的不同时期、不同专业、不同年级学生群体的思想动态和经济情况，分类储存不同信息，建立思想政治教育预警信息数据库，及时分布各类预警信息，增强高校思想政治教育的前瞻性和针对性。

（三）调控机制

调控机制是高校思想政治教育共享社区模式运行机制的重要手段。所谓调控机制，是指思想政治教育的调控作为一种有目的的教育实践活动，使教育者采用符合教育要求的调整方法，并改善受教育者的思想情况和教育环境，同时应符合某种要求。新媒体时代，网络信息庞杂多样，良莠不齐，因此，高校思想政治教育应建立他律和自律相结合的监控管理机制。他律就是要建立和完善相关规章制度，规范网络动作，加强对局域网、校园网的管理，充分利用现有的监控管理技术，建立信息进出校园网的“海关”，筑起信息防火墙，净化网络空间。自律主要是提高学生自觉、自愿的网络道德意识，注重大学生的自我管理、网络法制意识和责任意识的培养，提高自我服务意识，规范网络行为，培养网络道德自律能力。在具体实施中，应坚持技术监控和人员监控并重的方针，从两个方面入手：一方面是制定监控内容的标准，明确监控的对象或范围，这是实施监控的前提条件；另一方面是实行技术监控与人员监控相结合的监控方式，大力开发适应高校网络思想政治教育需要的监控软件，并培养网络思想政治教育的专职监控员。与此同时，还应根据实际情况，适时地对高校思想政治教育原定计划和方案进行调节、修正、补充与完善，并通过优化调控，使思想政治教育的计划更加完善，内容更具前瞻性，重点更加突出，措施更加得力，方式更加科学，效果更加明显。

（四）保障机制

保障机制是高校思想政治教育共享社区模式运行机制的基础。所谓保障机制，是指对思想政治教育起保障作用的诸要素间相互作用、相互影响、相互制约的关联方式，它是一个复杂的系统，能够使思想政治教育工作正常、有序地进行，还能使思想政治教育的各种计划得到落实。从构建高校思想政治教育共享社区的需求出发，当前应加强四个保障。

1．内容保障

（1）建立思想政治理论课专题网站。

（2）开辟思想政治教育特色频道。

（3）设置思想政治教育交互栏目。

2．技术保障

（1）加强技术防范措施。

（2）建立一支具备社区管理能力和现代思维的高素质的高校思想政治教育工作队伍。

3．物质保障

物质保障应配备充足的、高性能的网络设备。

4．环境保障

（1）加强校园文化建设，营造积极健康的校园环境。

（2）加强网络法制建设，营造科学理性的法律环境。

（3）加强思想道德建设，营造行之有效的道德环境。

五、评估内容与评估指标

（一）评估内容

新媒体时代，高校思想政治教育共享社区的评估内容，主要包括以下六个方面。

1．对受教育者的评估

对受教育者的评估是整个评估系统的中心环节和基础，也是高校思想政治教育共享社区评估的起点。受教育者是思想政治教育的接受主体，只有对接受主体的思想品德和行为做出认真的调查研究，才能制订出正确的教育计划并付诸实施。

2．对管理部门和教育者的评估

对管理部门评估，首先要看核心领导层对共享社区总体规划和制度的制订情况，以及落实这些规划和制度的检查监督情况；其次要看管理执行层是否为社区建立一支强有力的思想政治教育队伍，以及这支队伍的思想建设和组织建设情况，其中包括对思想政治教育人员的培训、提高和考核等，还包括调查研究和理论探讨的情况。

教育者在高校思想政治教育共享社区运行过程中起着主导作用，对教育者的评估主要是进行全面素质的评价和估量，以达到衡量思想政治教育实效的目的。在思想政治教育共享社区的运行过程中，高校主管部门有必要对教育者在一定时期内的思想素质、政治素质、理论素质和心理素质等做出正确评估，并在评估基础上提出提高教育者素质的意见。

3．对思想政治教育共享社区教育内容的评估

高校思想政治教育共享社区模式是否取得实效，关键在于教育内容是否由纯粹的理论体系转化为教育体系的过程中，应表现出的理论体系精神实质的精确性，以及与教育对象日常生活经验、利益需求、理解的契合性。因此，在对高校思想政治教育共享社区教育内容进行评估时，应着重分析其内容是否能够本着“以人为本”的原则，从客体的需要出发，尊重并满足客体的利益追求，先达到“利益认可”，再引导升华到主体政治的要求，最终实现“价值认同”的目标，使共享社区更富人情、更具亲和力和感召力。对于高校群体而言，其利益追求的核心是求知和提升全面素质。因此，高校思想政治教育共享社区提供的内容必须以学生的成才进步为本，为学生打造一个知识和信息的平台，加强文化熏陶、知识启迪和心理品质优化，将育才和育德有机结合起来，使新媒体时代高校思想政治教育真正能够收获春风化雨、润物无声的效果。

4．对思想政治教育共享社区运行过程的评估

高校思想政治教育共享社区运行过程是社区教育者和受教育者相互作用的过程，这个

过程能否在实践的基础上统一起来，也直接关系到共享社区运行实践的社会效果。对思想政治教育共享社区运行过程的评估，就是要看社区工作是否生动活泼、丰富多样，是否把思想性、趣味性和知识性融合在一起，是否对受教育者具有较强的吸引力、说服力和感召力。通过评估反馈过来的信息，总结提炼出那些效果好的途径、方法、形式加以推广，摒弃那些枯燥乏味、没有吸引力和说服力的说教式的思想政治教育形式和方法，从而最大限度地提高高校思想政治教育共享社区模式的有效性。

5. 对思想政治教育共享社区运行效果的评估

思想政治教育共享社区模式是否有效，是高校思想政治教育共享社区评估的最主要的内容。对思想政治教育共享社区运行效果的评估主要体现在教育目标的实现程度上，虽然思想政治教育共享社区功能目标的实现要受到一系列其他因素的影响，但其实现情况主要反映在教育者、管理部门和社会的认可度上。具体体现在：①教育者的认可度。②受教育者的认可度。③教育主管部门的认可度。④社会认可度。

6. 对思想政治教育共享社区研究的评估

高校思想政治教育共享社区的发展，离不开对共享社区思想政治教育自身的经验总结和理论研究。共享社区学生教育工作者应该把新媒体环境下的思想政治教育作为一门学科进行研究，甚至成立专门机构，深入网站、网吧和大学生中，并开展多角度、多层次的跟踪调查和理论研究，以研究大学生在网络上的心理、行为和现象等，促进和引导思想政治教育共享社区的健康发展。

（二）评估指标

根据高校思想政治在教育共享社区模式的基本构成，可分为三级评估指标进行具体评估，见表3-1。

表3-1　高校思想政治教育共享社区评估指标体系

一级评估指标	二级评估指标	三级评估指标	评估要素	评估分数	评估总分
高校思想政治教育共享社区模式评估（100分）	对共享社区管理部门的评估（5分）	岗位制度（1.5分）	组织结构完善、分工明确、运转正常、指挥有效		
		教育制度（1分）	对共享社区的日常教育内容形成规定，按照规定办事		
		工作制度（1分）	能够把技术监控与管理措施有机结合，加强信息的监控和审查工作，并有具体的工作交流、意见反馈和工作考核措施		
		管理制度（1.5分）	建立网络管理权责制度；网络安全管理制度到位；工作人员齐备，分工明确		

续表

一级评估指标	二级评估指标	三级评估指标	评估要素	评估分数	评估总分
高校思想政治教育共享社区模式评估（100分）	对共享社区受教育者的评估（15分）	个体评估（8分）	对共享社区资源的搜集、鉴别、使用情况；思想行为表现以及基础文明等情况		
		群体评估（7分）	包括整体评估和局部评估，主要评估对共享社区模式、教育方式方法和教育内容的认可度，以及进社区后大学生所体现的个体化精神需求和现代人格塑造的现状		
	对共享社区教育者的评估（15分）	主体意识（3分）	对于自身有明确的自知、自觉；明确自己在高校思想政治教育共享社区中所处的位置、担负的使命；有较强的学习、适应共享社区的能力		
		主体素质（6分）	有良好的政治素质：政治方向、政治观点正确；有敏锐的政治觉察力、高度的责任感和政治纪律性；有扎实的理论素质：具有深厚的马克思主义政治理论素养，能够将理论运用于高校思想政治教育共享的社区活动中		
		主体能力（6分）	熟练的新媒体技术的运用能力，较强的网络调查分析能力、较高的新媒体信息素养		
	对共享社区教育内容的评估（20分）	信息资源（8分）	社区共享资源充足，容量大，内容全面，准确公正；所链接资源的主题与本社区资源内容的相关度高；原始信息、专业信息、全文信息、多媒体信息等资源比例协调		
		信息内容（8分）	符合教育目标和大学生的需求，具有真理性、真实性、先进性、精确性、透彻性和契合性；信息内容贴近实际、贴近生活、贴近学生，集思想性、知识性趣味性、服务性为一体；能为大学生学习、生活提供全面、优质、高效的服务，并深受大学生喜爱		
		信息更新（4分）	信息内容更新及时、互动性强，参与共享社区建设的学生多；时代感强，对重大事件和社会热点问题及时跟踪报道		
	对共享社区运行效果的评估（20分）	个体效果（10分）	较进共享社区之前有明显进步，具有良好的信息素质；有较强的认同、理解共享社区的教育内容，并愿意主动内化教育内容；具有良好的心理素质、较强的意志品质；遵守道德规范、道德品质高尚；能将内化的情感、心理和道德品质外化作用于社会实践		
		群体效果（6分）	所有学习共同体成员或以班级、专业、院系、公寓、社团等为单位，群体体现的思想道德品质普遍明显高于进社区前或未进社区的群体		
		环境效果（4分）	网络文化氛围浓厚，特色鲜明，为大学生所认可；形成了有利于大学生健康成长的社会舆论和校园氛围，建立了良好的校园文化氛围和人际环境		

续表

一级评估指标	二级评估指标	三级评估指标	评估要素	评估分数	评估总分
高校思想政治教育共享社区模式评估（100分）	对共享社区运行过程的评估（20分）	运行过程载体（8分）	网站设计：网页结构合理，采用了合适的栏目，内容归类科学 视角设计：具有统一的风格设计和主色调；表现形式丰富 多媒体技术使用广泛 浏览操作：高效安全，操作简便，导航清晰 技术支持：采用了多种工具开发共享社区数据库，能够顺利实现用户与数据库的访问链接；检索速度快，准确率高 网站访问：访问率高，共享社区资料被经常下载使用		
		运行过程方法（4分）	教育方法：善于运用“堵、防、建、疏、变”等基本方法堵截各种有害信息，净化共享社区空间 与大学生进行平等、双向、互动交流 新技术应用：能充分运用新媒体技术、QQ、微信和微博等开展教育活动		
		运行过程机制（8分）	领导机制：组织结构合理，建立由党务干部、思想政治理论课教师和学生骨干参加的专兼职队伍；学校部门之间协调联动，建立健全的层级责任制，形成一体化运行机制 预警机制：能够及时、准确地了解共享社区内的思想动态，并对其进行分类储存；建立思想政治教育预警信息数据库，及时发布各类预警信息，为社区的管理部门及早提供应对策略和措施 调控机制：建立高素质的共享社区评论员队伍，掌握制网权，引导社区舆论；制订网络突发事件应急预案，对有害信息能有效监控和防范，并能及时调控进行妥善处置；内容保障：及时为共享社区提供优质的共享资源，不断增强社区思想政治教育的吸引力和感染力 技术保障：技术支持安全可靠，支持平台功能齐全；社区管理人员业务强，能熟练掌握各种新媒体技术，思想政治教育引导作用明显 物质保障：有充足的经费投入 环境保障：为适应共享社区的建设和发展，校园环境、法律环境和道德环境等方面均有明显改善和提高		
	对共享社区研究的评估（5分）	工作能力（2.5分）	具有创新的精神和能力，能够运用新技术、新方法，不断开拓共享社区工作新局面，提升共享社区的影响力；参与共享社区有关问题讨论的人数多，使共享资源点击率和下载率不断攀升		
		研究能力（2.5分）	善于研究共享社区运行过程中的新情况和新问题，在公开出版的刊物上发表相关研究论文		

六、评估反馈与评估修正

（一）评估反馈

在高校思想政治教育共享社区的评估机制中，评估结果的反馈运用是一个重要的子系统。评估结果的反馈运用是高校思想政治教育共享社区评估中的最后一个环节，也是能否取得预期评估效果的一个关键环节。在相对完整的高校思想政治教育共享社区评估活动后期，对评估结果的反馈运用，可以深化对高校思想政治教育共享社区评估的认识，为以后的评估提供经验借鉴和决策参考，并有针对性地提出改进意见，以达到改善和加强高校思想政治教育共享社区工作的目的。为此，高校思想政治教育共享社区的评估反馈，应重视并做好以下三个方面的反馈。

1. 增强评估信息的横向反馈

评估信息的横向反馈就是指高校思想政治教育共享社区评估过程各个具体环节之间评估信息的相互交流和传递。增强思想政治教育评估信息的横向反馈，可从以下三个方面着手：①实事求是，确保评估信息来源渠道符合客观实际情况，从而保证评估信息反馈的真实性。②加强评估过程各个具体环节之间的相互衔接，确保评估信息反馈渠道顺畅，从而保障评估信息反馈的及时性。③完善评估信息系统，搭建评估信息平台，从而确保评估信息反馈的全面性。总之，只有确保评估信息来源途径的真实性，评估信息反馈渠道畅通，完善评估信息系统，才能在思想政治教育共享社区评估过程各具体环节顺利衔接的基础上，增强评估信息的横向反馈，从而确保高校思想政治教育共享社区评估过程的顺利运行。

2. 加强评估信息的纵向反馈

评估信息的纵向反馈就是指高校思想政治教育共享社区评估系统中决策领导部门与指令执行部门间评估信息的相互交流和传递。加强评估信息的纵向反馈促进评估系统内部决策领导部门与指令执行部门间评估信息的双向反馈，既是增强评估决策指令的科学性和指导性的客观需求，也是保障高校思想政治教育共享社区评估过程有效运行的内在要求。

3. 注重评估内外信息的反馈

注重评估内外信息的反馈是高校思想政治教育共享社区评估取得实效的一个重要环节。这就要求在思想政治教育共享社区评估的过程中，不仅要重视评估系统内部信息的反馈，还要重视评估系统外部信息的反馈；只有既掌握评估系统的内部信息，又掌握评估系统的外部信息，才能全面地把握思想政治教育共享社区评估过程的整体运行状态，并根据变化的环境及时调整评估过程的目标体系，将最新的、最准确的评估信息反馈给评估实施环节，从而保证动态运行中的高校思想政治教育共享社区评估过程要素结构的协调性和整个系统的稳定性。

（二）评估修正

新媒体的特点决定高校思想政治教育共享社区评估活动是动态的，思想政治教育评估信息流在系统中运动、传递，再回到思想政治教育评估活动的本身，这时候以评估反馈结果对照原来的评估所预定的目标便可能显示出不同的结论：①评估结果反馈信息与原有目标一致。②评估结果反馈信息与原有目标发生偏差，而这种偏差可能超越原有指标，也可能未达到原有指标。在这个反馈控制系统中，无论是哪一种信息，都应该迅速而准确地反馈给评估对象，同时将评估结果抄送相关部门以供参考。这里需要着重指出的是，对那些超越原有指标，或者未达到原有指标，在客观分析的基础上，应当实事求是地加以纠正，最大限度地消除消极影响，然后在实践的基础上进一步完善思想政治教育共享社区评估机制，建立更加适合实际需求的高校思想政治教育共享社区评估机制。

第五节　提升学生教育工作者的媒介素质

一、新媒体时代高校学生教育工作者媒介素养的要求

新媒体时代，高校思想政治教育既面临诸多挑战，也迎来一次信息化变革机遇。高校学生教育工作者必须转变传统观念，树立思想政治教育“媒介化”意识，培养较强的媒介能力，具备较高的道德媒介水平，以适应新媒体时代的要求。

（一）敏锐的媒介信息意识

媒介信息意识是指人们对媒介存在、媒介发展、媒介运用、媒介需求等方面的自我意识，主要表现在人们从媒介的角度去感受、认识、理解和评价自然界和社会中的各种现象、行为，判断和洞察有用的媒介信息的能力。在新媒体条件下，高校思想政治教育最大的障碍不是技术问题，而是价值观念和思维模式的滞后问题。新媒体拉大了高校学生教育工作者与学生之间沟通的距离，也是师生间交流不畅的主要原因之一，在于教师对学生媒体信息交流的方式和内容了解不足，导致交流不默契，难以被学生认同，甚至还可能使他们产生逆反心理。如互联网的普及，产生大量网络用语，而网络语言只有放到特定的语境中才能理解其真实的意义。高校学生教育工作者如果不具备新媒体意识和掌握一定网络技能，就不能了解学生非常熟悉的网络用语，从而产生信息流断路的现象，有时还会产生误会。学生教育工作者必须具有敏锐的媒介信息意识，能很好地利用网络等新媒介信息平台，掌握大学生的沟通方式，保证与大学生之间交流的顺畅，使师生间有良性的互动交流，思想政治教育工作才会取得预期的效果。

1. 思想政治教育“媒介化”意识

毫无疑问，媒介是把双刃剑，它在给人们带来前所未有的极大便利的同时，也带来诸

多的问题。随着市场经济和媒介产业的快速发展，我国处于转型期的大众媒介，受到市场经济、外来文化等多种因素的影响，使得商品性、娱乐性、消费性凸显。虚假信息、低俗内容、网络欺诈等方面的问题屡见不鲜。此外，媒介系统发展的不平衡，带来全球范围内的信息鸿沟。因此，高校思想政治教育工作者，应该具有“媒介化”意识，积极适应新媒体时代特点，转变思想政治教育理念和作风，要充分认识网络思想政治教育的重要意义，把网络思想政治教育看做新媒体时代高校学生教育工作者必备的媒介工具，借网络之势，拓展工作阵地，并增强思想政治教育话语权。要自觉以学生主体意识的增强、主体地位的确立、主体能力的扩大和主体力量的解放为己任，充分发挥学生的主观能动性，让学生在平等的心态中有选择地接受各种正确的信息，并主动内化为自己的思想和行为。要树立思想政治教育全球化意识，扩展高校思想政治教育时间和空间界限，充分认识互联网新媒体给高校思想政治教育工作带来的巨大影响，并引导大学生正确解读世界上发生的重大事件。针对资本主义国家在网络上“西化”“分化”中国的战略，采取相应的对策，以帮助大学生了解我们国家政治、经济、文化、社会制度的优越性，同时增强当代大学生的民族自豪感和爱国主义热情。

2. 思想政治教育资源收集、分析与处理的信息化意识

思想政治教育的资源收集是高校思想政治教育的首要任务。在高校思想政治教育过程中，信息资源是灵魂，具体、准确、及时的信息是提高思想政治教育有效性的关键。从信息资源的角度出发，高校思想政治教育的开展过程就是获取、选择、传播信息的过程，即高校学生教育工作者掌握思想政治教育的主动权，用准确、生动、适当的信息影响大学生的思想观念和精神状态的过程。新媒体时代，数字媒体掌握先进的传播技术，覆盖面极广，传播信息的手段呈现出多样化特点。高校思想政治教育者应更多地走入数字网络世界，在信息的海洋中主动获取更多的信息，充分利用现代信息技术拓宽信息收集渠道，加快信息收集的速度，随时掌握瞬息万变的社会信息。

在获得大量信息的基础上，要注意对思想政治教育信息进行控制处理。换而言之，高校思想政治教育的信息资源经过高效、智能的信息系统优化处理，才能由“原料”转换成“战略性资源”，思想政治教育运用此种信息才能收获良好的教育效果。高校学生教育工作者必须树立思想政治教育资源分析与处理的信息化意识，通过运用现代信息技术，对大量冗余、虚假的信息进行分类、优化处理，使其精确化、科学化。经过对信息的分析与处理，汇总有重要参考价值的信息，以此作为对大学生进行思想政治教育的主要内容，从而提高思想政治教育的效果。

（二）较强的媒介能力

高校学生教育工作者的媒介能力是指高校学生教育工作者利用媒介增强思想政治教育效果的能力。只有媒介意识，没有媒介能力就不能充分利用新媒体为高校思想政治教育服务。新媒体时代，学生教育工作者应该具备四个方面的媒介能力，即媒介的运用能力，媒介的批判、反思能力，分析、制作信息的能力和培养大学生媒介素养的能力。

1. 媒介的运用能力

媒介的运用能力是指高校思想政治教育工作者熟悉媒介基础知识，能够运用媒介设备进行思想政治教育的能力。媒介的运用能力是高校学生教育工作者必须具备的最基本的媒介素养能力。学生教育工作者只有在了解媒介基础知识、熟练运用媒介设备的基础上，才能准确使用媒介工具，对各类媒介信息进行检索，储存和制作。新媒体时代，高校学生教育工作者媒介的运用能力中，除了具有利用媒介信息的能力外，还要具备使用各种教学媒介的能力。

首先，高校学生教育工作者要熟练掌握各类常用信息媒介的操作，如最基本的 Office、Photoshop 等应用软件；Internet Explorer、Firefox 等浏览工具；Google、百度等搜索引擎；网络下载工具；Outlook Express 等电子邮件的收发工具；还有最常用的 QQ、微博、微信、校内网络等互动交流工具。其次，要有较高的外语水平。新媒体时代，思想政治教育工作者的外语水平特别是英语水平，已经成为衡量高校学生教育工作者综合素质的重要依据。信息技术的飞速发展和互联网的广泛应用，可使全球信息实现快速融合。国际上最新的媒体技术的交流和使用，很多是通过英文向世界推广，高校思想政治教育工作者具有较高的英语水平，有利于掌握最新媒介的使用情况，并提高获取信息的能力，从而提升媒介的使用能力。

2. 媒介的批判、反思能力

媒介的批判、反思能力是指高校学生教育工作者运用马克思主义基本原理，结合现有的知识储备，对媒介信息进行科学鉴别，揭示信息背后隐藏的意识形态、商业和情感等诉求，从而保持对信息认知的能力。媒介的批判、反思能力不仅是网络健康发展的内在要求，更是民主社会的重要特征，还体现高校思想政治教育工作者媒介素养的核心能力。

媒介对信息既有反映实际情况，又有再造现实的功能。信息经过媒介体制的中转环节，被融入政治、经济、文化等多种因素，具有强烈的意识形态和价值观取向。资本主义国家一些媒介信息，渗透着资产阶级的意识形态和价值观。思想政治教育工作者对此要保持清醒的头脑，分清是非曲直、有用或无用的媒介信息和行为。这样才能在不良的媒介信息面前，保持正确的立场态度，不要轻易步入西方自由化思想的泥潭。同时，学生教育工作者应当培养自己成为积极的受众，注重媒介批判性意识和反思维能力的养成。在工作、学习和生活中，高校学生教育工作者应该学会对符号分析的方法，对所传播的媒介信息的内容有自己独立判断与态度，并能够进行反思，利用网络、报纸与广播及电视媒介合理地表达自己的观点，以增强信息的过滤能力和免疫能力，从而提高自身的媒介素养水平。

3. 分析、制作信息的能力

分析、制作信息的能力是指学生教育工作者利用已经获取的有价值信息，遵循思想政治教育的基本原理，结合新媒介的应用，分析、创作出适合高校思想政治教育的工作能力的材料。新媒体时代，信息技术特别是互联网信息技术取得快速发展。高校学生教育工作者除了掌握思想政治教育基本功外，还应适应新媒体时代的要求，注重自身能力结构的完善，并具备创造性的分析、制作信息的能力。

这种创造性的信息制作能力主要表现在两个方面。一要具有较高的信息整合能力。新媒体时代，信息数量成级数增长，高校学生教育工作者不能仅仅简单地把信息堆砌起来，还必须要集各媒体之所长，通过网络、手机、电视等媒介获取国内外发生的重大事件，综合运用文字、图片、声音、视频等多种表现手法，对所收集的信息资料进行汇编整合、加工提高，使之体现深层次的内涵。二要具备创新高校思想政治教育的能力。新媒体时代，信息的迅速更替和传播速度日益加快，在激烈的意识形态斗争领域中，谁能够充分利用各种媒介资源，创作出大学生喜欢的积极向上的思想作品，谁就会获得意识形态斗争的主动权。为此，高校学生教育工作者应当适应新媒体时代的要求，拓宽高校思想政治教育新选题，凸显独特风格，积极探索高校思想政治教育的新方法，始终站在时代前沿，形成与大学生共同交流，共同进步的思想政治教育的新局面。

4. 培养大学生媒介素养的能力

培养大学生媒介素养的能力是学生教育工作者媒介素养的最高目标与落脚点，是其媒介素养的高层次阶段。学生教育工作者作为特殊的媒介受体，与普通大众的最大区别是他们不仅要掌握基本的媒介生存策略，更重要的是要将这种思维和策略通过教学的过程传授给学生，将他们的媒介知识转化为对学生媒介素养的提升。学生教育工作者媒介能力的提升，是从对媒介基本知识的认知开始，并经过对新媒体技术开放性、媒介本质的了解、媒介传播信息的方式以及媒介信息的价值认识，最终转化为对大学生媒介素养能力的培养。因为，唯有大学生的媒介素养得到切实增强，学生教育工作者的媒介素养能力才能真正得到升华，二者互为补充、相互促进。对此，学生教育工作者应具备较强的整合能力与融会贯通能力，将自己的学生教育工作与媒介素养进行有效的融合，并融入媒介素养教育的思维与内容，使其合理有效地使用媒介，利用媒介增长知识，以及提高媒介信息的辨别能力，从而形成健康向上、积极进取的思想意识和审美情操，在培养大学生媒介素养的基础上，提升自身的媒介素养能力。

（三）崇高的媒介道德水平

媒介道德是指整个媒介活动中信息接收者、使用者、加工者和传递者之间各种行为规范的总和，即整个媒介活动中的道德。新媒体时代，引发一系列新的媒介道德伦理问题，一方面给掌握一定信息技术却缺乏自控力的大学生带来诱惑，也产生媒介道德失范的现象。另一方面也给大学生的思想政治教育工作带来危机。当前，高校的媒介素养教育缺失，导致对大学生进行媒介道德教育也处于空白的状态，不能有效地帮助大学生抵制媒介带给他们的不良影响，降低高校思想政治教育的实际效果。然而，信息犯罪、网络暴力等媒介伦理道德问题，越来越为人们所重视，对大学生进行信息道德素养教育已成为全球教育人士的普遍共识。在这种情况下，我国高校学生教育工作者只有本身具备崇高的媒介道德，才能帮助大学生树立媒介道德的意识，学会正确使用新媒体，从而避免新媒体给大学生带来的负面影响。高校学生教育工作者，应意识到道德伦理不只是社会学和哲学才关心的问题，同样也是高校思想政治教育工作的重要内容，要认清媒介思想的复杂化和多元化，不断加强自我学习和提高，对自身进行媒介道德伦理的感化和教育，以道德内化的高度来指导自己的实践活动。高校学生教育工作者媒介道德素养主要包括下面几个方面。

1. 媒介伦理道德意识

在新媒介中，人们把媒介道德伦理称为“媒介的第一道防火墙”，而网络媒介活动中的一些不文明、不道德现象反映出加强媒介道德建设的重要性和必要性。大学生既是媒介信息的接受者，也是媒介信息的传播者。为了培养大学生崇高的媒介道德素养，高校学生教育工作者应当自觉树立媒介道德伦理意识，在思想和心理上建立起抵御网上不良信息的防线，树立正确的新媒介道德伦理观念，适当地控制自己的行为，自觉抵制垃圾信息的侵蚀，成为一名文明的使用者。

2. 媒介法制观

高校思想政治教育工作者要具有媒介法制的观念，全面增强媒介的法律法规常识，懂得在法律规定的条件下正确使用媒介及利用媒介信息开展思想政治教育的内容及行为规范。同时，高校思想政治教育的主管部门，应当组织专门人员制定媒介行为准则和媒介管理有关规定，并做普及化的宣传。只有增强媒介的法制观念，才能使学生教育工作者正确的使用媒介及媒介信息，并对学生开展有说服力的媒介道德教育，从而提升高校思想政治教育的实效性。

3. 社会责任感

高校学生教育工作者除了要担负起大学生的思想政治教育职能，也要承担引导媒介舆论导向的责任。因此，其媒体道德水平、社会责任感就显得尤为重要。首先，高校学生教育工作者应当具备较高的道德水平。如果道德观念不发展，对于有修养准备的人是崇高的东西，而对于无教养的人却只是可怕的。高校思想政治教育工作者应当加强理论学习，明确自身从事职业的职责，并树立积极向上的正确道德观。其次，高校学生教育工作者在思想政治教育中应坚持知行合一。捷克伟大的教育家夸美纽斯说：“道德的实现是由行动，而不是由文字”。也就是说道德修养必须要付诸实践行动。在工作中，高校学生教育工作者要自觉强化媒介的道德观念，以树立为学生、为社会服务的责任意识。

总之，媒介技术越先进，高校学生教育工作者就越需要构建能够适应媒介技术发展的新型道德观念体系。高校学生教育工作者只有具备崇高媒介道德，才能规范自身的媒介活动行为，以保证更好地对大学生进行媒介道德教育，从而为人类文明的进步服务。

二、新媒体时代高校学生教育工作者媒介素养的培养途径

高校学生教育工作者处于高校的特殊环境，学历层次和社会地位都较高，同时也承担着繁重的教学与科研任务，所以具有与社会其他群体不同的特性。一方面，高校学生教育工作者因为工作需要，对媒介的关注度应高于社会公众的水平，且自身应具有一定的媒介素养。另一方面，高校学生教育工作者由于需要专注于自己的教学科研，由于工作的时间

长、压力大等因素，对媒介素养关注度不够。采取多种方法、途径加强高校学生教育工作者媒介素养的培养教育，是当前高校思想政治教育面临的重要任务。

（一）深入研究和努力构建思想政治教育媒介素养培养理论

媒介素养培养作为一种新的教育活动，体现一种新的教育理念和教育模式，融合新闻学、传播学、心理学、教育学、美学等多种学科理论。高校学生教育工作者要认识自身媒介素养对开展思想政治教育的重要性，主动深入研究媒介素养培养的相关理论。努力构建一个适合我国国情、校情的高校思想政治教育媒介素养培养理论。

高校学生教育工作者媒介素养培养理论是否正确，要看它是否有利于高校思想政治教育的科研创新能力，是否有利于高校思想文化和精神文明建设，是否有利于高校思想政治教育工作者的全面发展。在构建高校学生教育工作者媒介素养培养理论的过程中，要坚持“以人为本”的思想，紧紧围绕高校思想政治教育的实际开展理论研究和实践工作，落实教育人、鼓舞人、引导人的目标。高校学生教育工作者对媒介素养培养理论的研究，要结合专业特点，对大学生关注的社会热点问题、焦点问题、校园问题等进行深入剖析，并突出思想政治教育的针对性。

需要着重指出的是，传播学理论尤其是大众传播理论，为高校学生教育工作者和大学生媒介素养的培养提供重要的依据，也为其进一步发展奠定理论基础。新媒体时代，传播学越来越关注对高校学生教育工作者和大学生媒介素养培养的研究，并取得一些重大的成果。新媒体时代，高校学生教育工作者在借鉴传播学媒介素养培养理论基础上，要开放思路、拓宽视野，广泛研究经济学、政治学、社会学、行为组织学等理论，并结合新媒体特点和结合本专业的实际情况，不断探索高校学生教育工作者和大学生媒介素养培养的最佳模式，建立适合我国高校学生教育工作者媒介素养培养要求的、吸收相关理论精华的媒介素养培养理论体系，从而更好地指导实践，并解决与高校媒体素养培养相关的一系列问题。

（二）积极开展提升学生教育工作者媒介素养的实践活动

高校作为学生教育工作者媒介素养培养的主要场所，可以通过构建完善的高校学生教育工作者的媒介素养培养体系，成立高校学生教育工作者媒介素养培养的研究中心，开展高校学生教育工作者的校园媒体实践等活动，以帮助高校学生教育工作者提升自身的媒介素养。

1. 构建完善的学生教育工作者媒介素养的培养体系

高校应当高度重视对学生教育工作者媒介素养的培养，针对高校学生教育工作者培养的现状，制订切实有效的方案，定期组织他们参加系统性的培训，促进学生教育工作者媒介素养的整体提升。具体可以从设立专门机构、教材资源开发、评估系统构建三个方面展开。

（1）设立专门的机构。高校应当根据自身的实际情况，设立专门的学生教育工作者媒介素养培养机构，负责对该校学生教育工作者媒介素养的统一规划管理，制订出详细的培养计划。高校学生教育工作者媒介素养的培养机构，应当由学校主抓学生教育工作的领导直接管理，统一负责该校学生教育工作者培养期间的课程安排、教学内容设计，并提供学生教育工作者媒介素养培养方面的教师，以及教室、媒体信息、书籍和资金等必要的保障。高校学生教育工作者媒介素养的培养机构，对该校学生教育工作者媒介素养的培养主要采取提供指导、咨询、合作、研讨班等形式进行，同时也可以采取定期或者不定期邀请媒介专业人士对其进行专题授课与开设论坛、专题讲座等方式。

（2）教材资源的开发。高校学生教育工作者媒介素养的培养，需要有一套切合高校学生教育工作者实际情况、体现其发展要求的媒介素养培养的教材。首先，高校应当重视学生教育工作者媒介素养培养教材的编写工作，组成一个跨学科的教材研发小组（包括新闻传媒领域的专家学者和高校学生教育工作者），开发和编写一套适合高校思想政治教育、专业性较强的学生教育工作者媒介素养的培养教材。高校学生教育工作者媒介素养培养教材的编写，应当基于我国高校学生教育工作者的媒介素养现状，明确教育的基本理念和价值取向，充分体现知识性、趣味性和导向性的有效结合。其次，高校学生教育工作者媒介素养培养教材的编写，应坚持灵活性原则，可以充分利用报纸杂志、互联网、广播、手机等媒体，并通过各种渠道广泛收集有关高校学生教育工作者媒介素养培养的素材。再次，高校学生教育工作者媒介素养培养教材的编写，应坚持实效性的原则。高校学生教育工作者媒介素养培养教材的编写，是为了规范化、系统化地培养高校思想政治教育工作者媒介素养能力，提升高校思想政治教育的效果。对此，高校学生教育工作者媒介素养培养教材的编写，应当突出实用性，对高校思想政治教育实际工作中遇到的媒介问题，进行深入的剖析和展开，从而提出相应的对策，更好地帮助高校学生教育工作者以解决实际工作中遇到的问题。

（3）评估系统的构建。高校学生教育工作者媒介素养培养情况的评估系统，对高校学生教育工作者的媒介素养培养起决定性的作用，可以帮助各高校充分掌握学生教育工作者接受媒介素养培养的实际情况，并根据他们接受媒介素养培养的效果，采取有效的培养措施，切实地提升高校学生教育工作者的媒介素养。高校学生教育工作者媒介素养培养的评估系统的构建，应当根据学生教育工作者媒介素养培养的实际情况，仅仅围绕学生教育工作者媒介素养的培养过程展开，并注重理论与实践的结合。

2. 成立学生教育工作者媒介素养培养研究中心

地方政府教育部门或高校应当成立学生教育工作者媒介素养培养研究中心，专门从事对学生教育工作者媒介素养培养的研究。学生教育工作者媒介素养培养的研究中心，可以通过三种方式开展研究工作。首先，召集高校从事新闻传媒和思想政治教育的专家学者，共同探究提升高校学生教育工作者媒介素养培养质量的最佳方案。其次，聘请社会相关领域的专家学者，指导高校学生教育工作者媒介素养的培养工作。最后，按照性别、年龄、学科等指数选取差别样本，对本校学生教育工作者媒介素养进行跟踪调查和研究，掌握他们媒介素养的整体现状和特点，从而帮助学校制订出适合本校学生教育工作者媒介素养培养的最佳方案。

3. 开展学生教育工作者校园媒体实践活动

高校作为学生教育工作者媒介素养培养的主要场所，应当利用各种现有媒介资源，有计划、有组织地开展针对学生教育工作者媒介素养培养的实践活动。当前，各个高校都有广播、校报、电视、校园新闻网等在内的一整套校园媒体，而校园媒体可以为高校学生教育工作者提供实践的平台。高校学生教育工作者可以通过定期参与校园媒体节目的制作和传播，提升自身的媒介素养。此外，条件允许的高校还可以尝试把校园媒体作为高校学生教育工作者媒介素养培养的实验室，使广大学生教育工作者参与校园媒体组织的各种实践活动，制作个性化媒介产品，并开展课题研究等。

（三）社会各界共同推动高校学生教育工作者媒介素养的培养

高校学生教育工作者媒介素养的培养是一项艰巨的系统性工程，需要动员社会力量如政府、媒介机构、民间组织和家庭等社会各界的共同参与，才能保证其取得成效。

1. 发挥政府部门的优势

政府部门应当重视高校学生教育工作者媒介素养的培养，充分发挥自身资源优势，通过政策支持、财政保障，以及成立专门实施媒介素养培养机构等方式，全面促进高校学生教育工作者媒介素养的提升。

国家政府的政策支持，具有政策的强制性和权威性，并赋予高校学生教育工作者媒介素养培养的合法地位，这对于高校学生教育工作者媒介素养的培养，是最有力的保障和依靠。通过国家教育部门专门设立机构来统筹协调高校学生教育工作者媒介素养的培养，出台相关的文件和政策，并鼓励全国高校、教育界以及各地区的教育部门积极实施高校学生教育工作者媒介素养的培养，正式将其纳入国家教育体制中，从上至下领导和统筹高校学生教育工作者媒介素养培养的有效开展，确保我国高校学生教育工作者媒介素养的培养工作健康、快速发展。

目前，我国高校学生教育工作者媒介素养的培养还处于起步阶段，基本停留在民间和学界的呼吁、倡导层面，其重要性并没有引起政府部门的足够重视。然而，不良媒体信息对受众的负面影响已经引起政府部门的重视，并出台一系列相应的政策和法规。这些政策、法规的出台，净化了媒体信息的污染，提升了大众的媒介素养。但是，上述的法规与政策，主要是从媒体的传播行为的视角出发，并未触及大众媒介素养的培养，尤其是高校学生教育工作者的媒介素养培养。

政府部门应当根据我国的具体国情，以及高校学生教育工作者媒介素养培养的现状，充分发挥立法和政策导向的功能，制定一系列旨在提升高校学生教育工作者媒介素养培养的法规和政策：①通过立法确立高校学生教育工作者媒介素养培养的法律基础，为高校学生教育工作者媒介素养的培养提供法律保障。②将高校学生教育工作者媒介素养的培养纳入学习型社会建设的范畴，使高校学生教育工作者媒介素养的培养有所依托，从而为高校学生教育工作者媒介素养的培养提供财政保障。③国家教育部门出台鼓励高校学生教育工作者媒介素养培养的文件和政策，借此形成全国各大高校和教育界开展高校学生教育工作者媒介素养培养的潮流，为高校学生教育工作者媒介素养的培养营造一个良好的环境。

2. 借助媒介机构的力量

高校学生教育工作者媒介素养的培养，需要理论与实践相结合。媒介机构作为媒介产品生产和供应单位，有着丰富的媒介人才和生产组织的资源。高校学生教育工作者通过到媒介机构参观考察，可以取得立体化的学习效果，从而深化对书本中讲述的理论知识的理解。高校学生教育工作者媒介素养的培养，不能离开媒介机构的支持。需要着重指出的是，随着社会主义市场经济体制的建立，媒介机构市场化改革也在不断推进，一些媒介机构出现单纯追求利润的现象。但是，鉴于媒介机构所独具的社会功能，决定不能只看到媒介机构的经济效益，还要看到它的社会效益。在高校学生教育工作者媒介素养的培养方面，媒介机构应当充分发挥其独特的资源优势，为高校学生教育工作者媒介素养的培养营造良好的社会氛围，并成为其重要的媒介实践基地，同时协助教育行政部门和高校开展高校学生教育工作者媒介素养的培养工作。

首先，媒介机构需要秉承既要宣传好，又要经营好；既要有经济效益，又要有社会效益的经营理念，主动放弃一些经济利益，为高校学生教育工作者媒介素养教育的实施提供必要的媒介资源支持。公有制占主体的媒介体系是我国开展高校学生教育工作者媒介素养培养的一大优势。相对于西方的私营媒介机构，我国媒介的宣传水平、组织能力、社会责任感都是无法比拟的。媒介机构应在政府的号召下积极宣传推广高校学生教育工作者媒介素养培养，为其营造良好的社会氛围。媒介机构可以在网站上开设关于高校学生教育工作者媒介素养培养的专栏，介绍一些有关高校学生教育工作者媒介素养培养的相关理念和知识，也可以将高校学生教育工作者的作品上传到网站，鼓励他们积极地参与媒介素养培养的实践活动。其次，高校学生教育工作者学习媒体素养理论后，专业媒介机构可以为其提供短期的参观、访问，乃至实习。通过到媒介机构的参观、访问、实践活动，可使高校学生教育工作者真实地看到生产流程，从而可以正确认识媒介，积极使用媒介，养成思辨媒介资讯的习惯而非囫囵吞枣式地接受媒介信息，较好地巩固培训的效果。再次，媒介机构资深制作人可以定期到高校，为高校学生教育工作者解说媒体信息制作过程，并通过传授媒介知识、讲解媒介使用技巧，来让高校学生教育工作者在实践活动中获得自媒体的第一手信息资料，了解媒体发展的情况，增加对媒介总体的把握，加深高校学生教育工作者对媒介本质的认知能力。

3. 调动民间社会组织的参与

随着社会主义市场经济体制的不断完善和改革开放格局的进一步扩大，我国民间社会组织步入快速的发展期。这些独立于政府、商业群体的民间社会组织作为新兴力量，参与到媒介素养培养体系中，必将极大推动高校学生教育工作者媒介素养的培养工作。通过分析国外媒介素养的培养工作较为成熟国家的经验，我们会发现其民间社会组织的自发呼吁、倡导，并成为推广媒介素养培养的重要力量。

我国高校学生教育工作者媒介素养的培养工作，应当借鉴国外开展媒介素养培养工作的经验，充分积极调动民间组织的参与。但是，由于我国民间社会组织的受关注度不高，它在高校学生教育工作者媒介素养培养的推广和发展的过程中，尚未完全发挥出自己的力量。对此，我国政府应充分调动民间社会组织参与高校学生教育工作者媒介素养培养工作的积极性，发掘其在高校学生教育工作者媒介素养培养中的巨大潜力。首先，在高校学生教育工作者媒介素养的培养工作中，政府可以鼓励教育者、媒介从业人员和社会工作者自发组建相关的社会团体和志愿组织，利用讲座、宣传、互动活动等形式向高校学生教育工作者讲解媒介素养知识，构建一个完善的高校学生教育工作者媒介素养培养的社会体系。其次，我们也要充分调动民间社会组织参与高校学生教育工作者媒介素养培养网站的建设，取得他们在人员和资金方面的支持，从而更好地促进高校学生教育工作者媒介素养培养工作的全面开展。

总之，在我国改革开放不断深入的今天，全球化和商业化的浪潮席卷生活的每一个角落，特别是蕴涵着各种价值观念和意识形态的信息和媒介内容的大量涌入，大大改变当前思想政治教育的整体环境，给高校思想政治教育带来巨大的冲击。高校学生教育工作者作为大学生日常思想政治教育和管理工作的组织者、实施者和指导者，是大学生的人生导师和健康成长的知心朋友，集教书育人、管理育人、服务育人于一身。高校学生教育工作者只有具备较高的媒介素养，才能更好地适应新媒体带给高校思想政治教育的挑战。随着对理论的深入研究和推动实践，构建涵盖高校学生教育工作者自身、高校、政府以及社会各界的多主体、多途径为核心的制度化、社会化的高校学生教育工作者的媒介素养培养的系统，学生教育工作者的媒介素养一定能够稳步提升，成为我国和谐社会建设中重要的支撑。

▶第四章

高校思想政治理论课实践育人模式创新研究

第一节　高校思想政治理论课实践育人模式的基本特点

一、实践育人的概念

实践育人是在实践的基础上结合高等教育衍生出来的概念，它是指以社会实践和各种活动为主要形式的思想政治教育。与思想政治教育一样，实践育人既是一种实践活动，也是一种育人理论。实践育人在本质上是一种参与体验式教育，是理论教育渠道的一种补充，同时也是一种新的思想政治教育形态。本书将实践育人界定为：高校思想政治教育实践育人模式是指高校在一定思想政治教育理论指导下，为完成高校育人目标特别是思想政治教育的目标和任务，积极开展各项实践活动，将实践意识渗透到大学生的生活、成长方方面面的活动和过程的总和，以及在此过程中总结归纳形成的一套清晰成熟、具体可操作的育人理念和方法。这种理念最直接地体现在高校思想政治理论课实践教学中。

实践性教学，顾名思义就是指学科问题生活化、情景化、社会化，在教学中让学生亲自动手操作，积极参与社会实践、生活实践、探究实践，以此来加深学生对知识的理解，将学生培养成实践型人才。实践教学在培养学生的综合素质、智力和技能方面，具有其他教学环节不可替代的作用。

思想政治理论课教学的实践教学环节主要是指在校大学生按照思想政治理论课教育教学的目标和要求，有目的、有计划、有组织地走向社会，受教育、长才干、做贡献的一系列物质与精神活动过程的总称。它是学生通过学习和实践进一步把感性认识上升为理性认识，并提高大学生运用马克思主义理论分析和解决现实问题的能力，也是提高大学生思想道德修养中知行统一的自觉性的重要手段。当然也是思想政治理论课教师了解学生思想实际情况和所关注的热点、难点问题，从而有针对性地开展教学的重要方法。

二、特点和功能

思想政治理论课实践教学具有明显的特点和特有的功能。首先，思想政治理论课实践教学将深刻的理论思维与鲜活的感性体验相结合，通过强烈的现场参与感可以触发和增强理论思维的兴奋点。其次，实践教学突出学生的参与性。思想政治理论课实践教学能够彻底改变学生被动接受的学习地位，积极主动地融入甚至决定主导整个教学环节，充分张扬现代教育所要求的学生主体地位。再次，实践教学具有内容的直观性和对象的互动性。思想政治理论课教学的内容、形式及取材不再是刻板的概念、判断、推理等逻辑形式和逻辑演绎，而是活生生的事实、图像和景观，以及真切实在的亲身体验，这种教学形式可以达到思想理论教育“润物细无声”的理想教学境界。最后，纳入整个思想政治理论课教学过程的实践教学环节，是在教师的精心安排、设计和组织下最能够体现理论联系实际这一教学基本方针，能够很好地达到课堂理论教学和社会实践教学相得益彰的效果。而且学习理论贵在学以致用，认识源于实践，实践是对认识的检验、丰富和发展。通过实践教学环节，使学生带着理论问题走向社会，又带着实际问题回到课堂，以理论指导实践，以实践丰富理论，这样就可以促成学生正确思维模式的形成，并在具体实践的过程中发现、分析和解决一些问题，以提高他们在这些方面的能力。

（一）完善、深化和应用知识的功能

（1）完善知识结构的功能。在人类社会急剧发展的时代，学校思想政治理论课程无法涵盖所有政治、思想、道德、科学等领域的内容，同时最新的知识也难以及时编入教材。而大学生的实践活动或多或少地与其中某个知识领域相联系，可以使其在现实生活中去认识和掌握各个领域的知识，从而弥补教材的滞后性，并提高教育的完善性。

（2）深化知识层次的功能。大学生从书本上学到的知识往往是停留在感性认识上，而要发挥思想政治理论教育对大学生的指引作用是不能满足于字面上的含义，而是要引导大学生实践，使其在实践中加深理解，只有这样才能把书本上的知识变成自己的知识储备。在面对和解决每个具体的实际问题过程中，可以对所学到的知识进行质疑，以促使大学生对所学知识进行思考、创新，要不断拓宽知识面和深化对理论知识的层次，也要不断提高自己的思考、鉴别、选择和调控的能力等。

（3）应用知识的功能。对于当代大学生而言，领会和巩固知识是不够的，更重要的是学会灵活应用。社会实践活动的开展，是大学生学以致用最好的舞台。这是因为大学生的大部分时间都在学校里读书，无法充分获取社会工作经验，因此，就需要构建模拟社会。社会实践，并以各种集体活动、模拟活动为载体，强调大学生要主动体验社会，要在活动

中学会发现、学会探究、学会践行，提高动手能力，力图打造大学生通过社会的桥梁，为大学生构建“小社会”。因此，通过这种实践活动，大学生不仅可以了解和把握现实社会，还可以使他们的知识与能力得到完美融合和释放。

（二）促进全面成长成才的功能

实践育人使学校教育从原来单向地获取知识内容，转变为大学生全方位的发展，使得成长成才功能显著。

（1）提升大学生的素质和能力。社会主义高等教育中的实践育人能帮助大学生坚定社会主义信念，提高自身的思想道德素质、科学文化素质、艺术审美素质、身心素质，树立正确的世界观、人生观、价值观。在多姿多彩的校园活动中，大学生语言表达能力、应变能力、组织管理能力、人际交往能力、自我完善能力得到强化；实践育人提供的知识和技能的针对性应用和训练，还能帮助大学生了解、熟悉社会各行业的职业认定标准以及所需要的各种专项技能，并将这些要求作为培养与提高自己实践能力的参照指标。同时，实践活动还能有效锻炼大学生的分析判断能力、决策执行能力、创新能力等实践能力，从而全面提升大学生综合能力。

（2）完善大学生的人格。人格具有较强的可塑性，其中环境是影响人格形成的重要因素。整天待在寝室里的大学生与积极参加各项实践活动，接触不同人群的大学生在毕业之时，就可以看到明显差别。处于成人早期的大学生正是人格培养的良好时机，特别需要健康环境的熏陶。而社会实践能极强地营造乐观、阳光、温馨的人文环境以及和谐、互助的人际环境，培育大学生良好情绪调控能力、活泼开朗的性格，在生活中应时刻充满正能量。实践活动还以广阔的生活舞台为大学生人格的养成提供大量磨砺机会，从而使他们在挫败与领悟中塑造健康、完整的人格。总之，实践活动是大学生实现人格塑造、成长成才不可或缺的重要方面。

（三）推动大学生服务社会的功能

（1）培养大学生的使命感和责任感。社会实践为大学生提供一个广阔的新天地、大课堂，使大学生可以亲身感知、全面深入了解国情和民情，也要了解我国社会主义初级阶段面临的挑战，有助于刺激大学生历史使命感和社会责任感以及爱国热情，自觉把实现个人价值和社会主义现代化建设的奋斗目标紧密结合起来，并为服务社会、推动社会发展做铺垫。

（2）推动大学生从自然人向社会人转变。把大学生锻炼成为社会主义现代化建设的栋梁之材，推动社会的进步，首先应实现大学生从自然人向社会人的转变，这是一项潜移默化的巨大工程，只有社会实践才能出色完成。在这个过程中，大学生把社会要求的政治、思想、道德转化为自身的政治思想品德，促使个体政治思想品德的社会化；使大学生通过社会实践可以接触不同地域、不同文化背景下的各种人，驱使他们以一个独立的社会人的姿态培养、思考和管理自己，还要学会如何与人相处、与人沟通、接人待物，领悟和体会世俗社会的生活。久而久之，其独立生活能力和社会生存能力便在社会实践中培养起来；大学生在实践活动中会不断受挫，不断积累经验，磨练心智，使他们变得更加坚强，更加适应社会用人的需求，从而如同一颗绽放的花蕾，在人生的舞台上绽放光彩。

第二节　高校思想政治理论课实践育人模式的原则性要求

一、高校思想政治理论课实践教学改革要凸显世情、国情、党情、民情、学情教育

（一）凸显世情教育

高校思想政治理论课程社会实践教学改革要凸显世情教育，因为世纪之交国际局势也发生深刻的变动，国际社会环境发生深刻变迁，即世情的变化，因而对当代大学生的思想政治素质和能力提出严峻挑战。世情的变化主要表现为经济全球化、政治民主化、思想文化多元化、生活多样化、信息网络化、国际格局多极化以及数字技术化、资本股票化、人才市场化、企业制度化、规范法律化。深入探索世情变化的规律，加强和改进对当代大学生的世情教育，就是要在错综复杂的国际形势的发展变化中，促使当代大学生能够时刻保持清醒的政治头脑，不断开阔自己的视野，恪守历史定律，牢牢把握“和平、发展、合作”的时代主题，为进一步增强我国的经济和科技，国防实力和民族凝聚力的综合国力，为致力于构建和谐世界，提高我国的国际地位和国际声誉，为实现中国的和平崛起、中华民族的伟大复兴而努力发奋学习。

（二）凸显国情教育

高校思想政治理论课程社会实践教学改革应凸显国情教育，首先是因为当代中国正处在历史的转折之中。通过研究中国共产党的执政史，可以清晰地看到，自从我国进入社会主义社会以来，党所处的国内社会环境发生深刻的变动，即国情的变化，其主要表现为历史变革、社会转型和体制转轨。特别是新世纪、新阶段的中国社会正处于改革开放攻坚克难时期，也处于工业化中期加速发展的历史阶段，呈现“五个多样化”局势，即经济成分、组织形式、就业方式、利益关系和分配方式的多样化。具体表现为经济体制的深刻变革、社会结构的深刻变动、利益格局的深刻调整和思想观念的深刻变化。新世纪、新阶段的改革开放正面临双重的历史任务和双重的现实压力——既要转换体制、机制，又要加快发展，在双重任务和压力下，改革开放难免遇到挑战、困难和问题。特别是当前我国的改革开放还处于社会转型时期和发展中国特色社会主义市场经济的起步阶段，整个社会的经济和社会结构都在发生深刻变化，多元化的经济结构和社会结构决定当代大学生的世界观、人生观、价值观、地位观、权力观、利益观、道德观和法制观的多样化。同时，由于社会转型期社会主流文化尚未完全确立，原有的思想观念和价值体系又适应不了新的社会生活，所以高校部分大学生的思想容易产生困惑和迷茫。因此，我们只有加强和凸显国情

教育，坚持不懈地研究这种变动、适应这种变动，才能使高校思想政治教育顺利开展，并取得可喜的成果。

（三）凸显党情教育

之所以要强调这一点，是因为我们党面临的世情、国情发生了重大的变化，更直接的是因为党情发生了重大的变化，表现为党的任务及其历史条件发生了变化，党员和党的干部队伍的构成发生了巨大的变化。我们要坚持用时代发展的要求审视自己，以改革创新精神加强和完善党的建设，尤其是高校党的建设，这是我们党始终保持马克思主义政党本质、永不脱离群众和具有蓬勃活力的根本保证，也是我们党不断巩固执政地位，领导和支持人民当家作主的根本保证。不断加强和改进当代大学生党情教育是新世纪、新阶段坚持不懈地加强、改进和创新中国共产党高校思想政治教育工作的重要内容和永恒的重大课题。

（四）凸显民情教育

“民情”并不是一个生僻的词汇。民情始终是党的建设，尤其是加强和改进高校党的建设不可忽视的重要领域，应当积极引导高校大学生更加关注民情。

综合来看，中国共产党成立近百年的艰苦奋斗历程，高度关注民情是我们党的建设的一个基本经验，同时我们更要看到，高度关注民情也是中国特色社会主义初级阶段全党必须进一步强化的执政理念。我们党正面临许多前所未有的新课题和新考验，由于经济体制的深刻变革，社会结构的深刻变动，利益格局的深刻调整、思想观念的深刻变化所带来的民情的日益复杂化，这也是对党的建设、尤其是对高校党的建设最大的考验之一。当前，“民生、民意、民风、民主”四个方面构成了当代中国民情的主要内容，我们应当积极主动引导高校大学生更加关注民情，加强当代大学生的民情教育。

（1）民生。中国共产党的宗旨决定了党的一切工作都应以保障民生、改善民生作为出发点和落脚点。诚然，中华人民共和国成立 70 多年以来，特别是中国改革开放以来，人民群众的物质精神文化生活得到了极大的改善，经济社会发展举世瞩目。主要表现为三个方面：①经济发展的不平衡问题没有得到根本解决，城乡之间、区域之间存在民生落差。②在人民群众最关心、最直接、最现实的利益问题上，还存在很多薄弱环节，尤其是教育、医疗、住房、安全生产、社会治安等方面的民生压力比过去要大。③突如其来的世界金融危机更给民生问题带来了新的冲击，保增长、保民生、保稳定的任务十分艰巨。所以，对民生的关注一刻也不能松缓。

（2）民意。民意是执政党执政的航向和标尺。其含义有二：①党的路线方针政策的制定要以民意为支撑。②党的执政成效要靠民意来检验。在某种程度上，民意就是民心，而民心向背，关系到执政党的生死存亡。在民主政治中，民意是民主政治的一项重要指标。西方国家的一些政党经常利用民意调查以了解民情。近年来，在党的建设的一些领域，也引入了民意调查的形式，如中共中央组织部近年来在全国开展的组织工作和干部选拔任用工作群众满意度调查，给党的建设注入活力，也受到人民群众的广泛好评。但从总体来看，如何更好地积极主动引导当代大学生及时了解民意、反映民意，仍然是我们亟待加强和改进的工作。再如，近年来，一些地方大规模群体性事件呈上升态势，其原因可能是错综复杂的，但其中的共性就是民意表达不畅通。由于民意表达不畅通，导致一些群众寄希望于把事情“搞大”，以引起上层的注意和解决；民意表达不畅通，也最终导致一些政府和部门对基层情况熟视无睹，错失解决问题的最佳时机。这些现象已经对我们的执政根基造成了严重伤害，必须引起我们的高度警惕。

(3) 民风。在党的建设领域，尤其是高校党的建设领域，当代大学生共同关注较多的、最感兴趣、最敏感的话题和课题是党风建设，而民风似乎并没有引起高度的重视。其实，在现实社会生活当中，党风和民风的关系是相辅相成、密切相关。其具体表现有三个方面：①党风对民风具有巨大的影响和带动作用。②民风也在无时不刻地对党风进行着促进或消解，如果民风日下，党风不可能独善其身。因此，从这个意义上讲，加强党的建设必须要党风和民风两手抓。③我们必须明确，塑造优良的民风，也是党的执政使命的重要组成部分。一个民族的强大，不仅体现在它的物质力量的雄厚，还应该同时体现精神力量的强大。

(4) 民主。综合来看，中国社会发展的历史进程，民主问题从来没有像今天这样备受瞩目。当前，在思想理论界，最热门、最前沿的课题之一就是对民主的探讨。虽然对于民主的研究成果丰硕，但对思想的认识还远未统一。伴随思想理论上的活跃，广大人民群众对于民主的诉求日益强烈，基层民主的范围也在逐步扩大。

情况越是复杂，越是需要我们以冷静、理智、务实的态度加以引导。从某种程度上说，科学地驾驭中国的民主进程，既要坚定不移，又要循序渐进地推进中国特色社会主义民主，是对党执政能力和执政艺术的严峻考验，关系到党和国家的未来。

（五）凸显学情教育

高校思想政治理论课程社会实践教学改革内容应当充分体现了国家和社会对当代大学生个体的发展要求，从大学生能否有效地接受高校思想政治理论课程的内容、理解国家社会对自己的德育要求的角度来看，必须强调以大学生发展为本的教学理念，即应当充分重视大学生人格的形成与发展的规律，充分考虑大学生能否适应纷繁复杂的社会实践和社会生活，高校思想政治理论课程本身具有开放性、综合性、时代性、前瞻性和社会性的特点，与时代和社会发展变迁息息相关，与个人成长成材息息相关，从这个角度上出发，高校思想政治理论课程的组织与教学应该是开放的、发展的，并且是促使受教育者个体（大学生）融进教学环境，接触社会生活和社会实践的过程。高校思想政治理论课程社会实践教学改革目标是塑造完整人格，培养全面发展的人才，这与社会和国家的利益是一致的。

二、高校思想政治理论课实践教学要优化规范建设

高校思想政治理论课实践教学的操作规范可以概括为以下几方面。

（一）明确目的，纳入计划

明确目的与否是实践教学能否收到预期效果的首要条件。针对思想政治理论课程的社会实践有时与其他知识教育的社会实践并不是截然分开的，同一社会实践活动能够使学生在多方面有所收获。教育者不仅要通过实践教学培养和提高学生的实践能力，同时要帮助他们树立正确的政治方向，培养其服务意识以及实事求是、艰苦奋斗的作风，引导学生树立正确的世界观、人生观和价值观。明确目的不仅对于学生很重要，对于教育者也更为重要，因为组织实践要在明确目的的前提下呼应课堂的教学内容。在此基础上，把社会实践纳入学生教育和培养的正常环节，将社会实践活动由教学计划外的补充纳入教学内的计划安排，以学分制的形式出现，并作为必修课。只有这样，才能有效地保证社会实践的完成，真正达到实践的目的。

（二）齐抓共管，周密安排

高校应专门成立由校领导带头、校党委宣传部和教务处、总务处、团委以及各党（团）总支主要负责人组成的“学生社会实践活动领导小组”，全面负责和落实每年全校学生的社会实践活动，把学生的社会实践纳入学年度工作计划，精心设计、统筹安排，尤其要在经费上应给予大力支持。实施实践教学计划，不仅要有相应机构，如教务处、团委和学生会去指导实施，更要有思想政治理论课程教师与学生一起加入到学生的实践活动中，便于监督和随时引导、点拨。

（三）分清特点，选好形式

不同年级的大学生心理需求、思维方式、知识水平、实践能力是各不相同的。据此，我们应采用相应的实践教学形式。

大学新生具有强烈的好奇心，一方面，需要了解学校、了解他人，了解丰富多彩的社会生活；另一方面，他们以前大多以书本为中心，社会经验甚少，独立活动能力较差，世界观和人生观还在形成中。因此，对于新生，主要是组织他们开展一些参观活动、服务活动和交往活动，从中学生可以了解革命传统、文化遗产和改革开放的成果，深化对改革的路线、方针、政策的理解，培养奉献精神、爱心和责任感，并增强人际交往的能力。

大二、大三的学生具备一定的专业知识和能力，对大学学习和生活也比较适应，可适当组织他们进行或者参与一些对某些社会热点、难点问题的调查，以培养学生的科学精神和科研能力；也可以组织学生进行一些竞赛、比赛，如辩论赛、演讲比赛、专题论坛等，以培养学生独立思考和辩证思维的能力，这还有利于培养学生的集体责任感和荣誉感；还可以组织学生进行一些具有劳动收益的活动，如家教活动、卖报活动，帮助企业、学校、

机关做些宣传、咨询活动，这不仅可以培养学生的劳动精神，而且可以改变一些学生的经济情况，也有利于调动起学生参加社会实践活动的积极性。

大四的学生具备了较强的专业知识，处在适应社会、谋职就业的交叉点上，有待增强其实践能力，适于组织他们结合本专业的特点进行相应的实习，如师范专业的学生可以到相应的中小学等学校进行实习，管理专业的学生可以到有关的公司企业工作实习，如此，可以对学生的知识和能力进行全面检阅，有助于学生更好地认识自我，并有针对性地查缺补漏，为更快、更好地适应社会打下坚实的基础。

实践教学形式的使用范围并不是绝对的，往往是交叉使用，综合发生作用的。这就需要教育者应有侧重地综合运用多种方法组织社会实践活动，制订出最优化的实践方案，力求达到最佳的教育效果。

（四）认真总结，严格考评

实践结束，由课外转到课内，由校外转到校内，但教育并未结束，教育者要有意识地把实践内容与相应的教学内容结合起来，一方面，实现教育者与学生、学生与学生的互动与交流，可以说这是整个实践活动的点睛之笔；另一方面，还要建立必要的和规范的考核评价指标体系，使实践活动有规章可循，有制度可依，有内容可考，保障实践质量。规定每学年参加实践的次数，并有专门的实践活动档案，实践成绩合格后，方可获得实践课学分，得到学分才可以拿到相应的实践证书，可以作为毕业后找工作的一项依据，同时可与评优挂钩，并获得当年的实践学分，可作为参与评优的前提条件。

三、高校思想政治理论课实践教学要强化机制建设

机制是整体与部分之间相互作用的过程与方式。它反映要素的结合方式及其体系的功能，要素功能之间的相互联系。思想政治理论课教学机制依据不同的标准，可以分为多种形式。从思想政治理论课教学结构上可以分为外在机制和内在机制。从思想政治理论课教学的接受主体素质与接受图式入手，可分为思想政治理论课接受机制中自然遗传机制、社会文化机制、实践生成机制。从思想政治理论课教学接受的主客体要素间双向建构、发展分析，可以分为反映机制、选择机制、整合机制、内化机制和行为机制。从思想政治理论课教学传播的逻辑过程与心理过程来看，运用系统结构的方法，可以将思想政治理论课教学看成是一个整体的动态发展过程。思想政治理论课教学的发生、发展的动力机制是确定目标后的目标机制，并督促活动持续发展的保证机制。机制作为制度的下位概念，也作为程序的上位概念，它的形成过程是制度的具体化过程，是程序的抽象化过程。思想政治理论课教学发展首先要在思想与理念上有所发展，然后就是要健全思想政治理论课教学机制，以保证实现理念与思想变革，特别是思想政治教育课堂教学与社会化教育融合协调的长效机制。

（一）推进思想政治教育社会化要素与课堂教学的融合与协调

想要推进思想政治教育社会化要素与课堂教学的融合与协调，需要采用以下方法。

（1）应采取有效的措施把社会化要素融入课堂教学，以强化课堂的主渠道作用。不断地认识和了解当代大学生的特点，并为课堂教学采取针对性措施提供依据；在教学内容方面，优化课堂教学内容，深化大学生已知理论，并结合理论传播，及时解读大学生关心的社会热点、难点问题，并积极引导；在教学方式和方法方面，鼓励大学生主动参与课堂教学，并发挥课堂民主。同时积极采用社会资源，适当运用相关的图片、视频，这能有效的弥补理论传播过程中的抽象性、理论性过强的缺点，能快速带领学生进行时空转换，并感受特定的历史情境。针对当前大学生的认知和思维特点，在传统的说理式教育的基础之上采用平等对话、案例分析等互动式教学方法，力求找准切入点，做到通俗易懂，使学生能够理解与接受。在教学活动中采取读（读思想政治理论原著等）、写（写论文）、看（看教学录像片）、论（课堂讨论）等相结合的教学形式，发展课堂民主，以便交流和引导，消弭歧见。同时引进社会资源进课堂，更多的贴近社会、贴近实际，增强学校思想政治教育的效果，如聘请专、兼职教授及专家或党政干部为大学生做报告等。

（2）推进思想政治教育的时空延伸、内容延伸。配合思想政治教育的核心课程进行原著导读和开设选修课程。在思想政治教育课程中实施“原著导读工程”，以夯实学生的理论基础，提高大学生的理论兴趣；提高学生利用所学知识分析问题、解决问题的能力，培养学生的创新意识、创新精神和对理论的创新能力。同时围绕思想政治教育核心课程开设众多的传统文化类、心理学类、经管类、艺术欣赏类等选修课程，在提高学生人文素质同时进一步提高思想政治道德素质，增强当代大学生的价值判断、价值选择能力。在此基础上，探索将思想政治素质培养融入专业课程，增强专业课程育人作用。

（3）倡导研究性、自主性学习政治理论。鼓励大学生参与研究性学习，结合实验室、学生参与研究的课题（SRP项目）、各种竞赛等，培养大学生的创新能力和创新精神，鼓励学生通过调查研究了解社会、并通过实践得出思想政治方面的结论。除了利用SRP项目引导学生进行思想政治研究外，拿出部分经费鼓励大学生进行思想政治教育的调查研究、社会实践；引导和鼓励学生进行研究式的学习，选择一些题目，要求学生以组为单位，进行调查研究、探讨理论，并运用正确的观点和方法，同时提出解决问题的对策，并要求学生在课堂中交流，回答老师和同学的提问，并进一步增强大学生灵活运用科学理论的能力；鼓励教师开设教学博客，组织力量开办学习网站，进一步加强思想政治教育课程网络的力度，加强自主学习课件的开发，以学生喜欢的形式推进思想政治理论教育。

（4）促进思想政治教育课堂教学与社会实践对接，以课堂教学指导社会实践，同时利用社会实践经验以提升大学生思想觉悟和理论水平。通过课堂教学引导学生以理论指导实践，并通过实践解决问题，提高理论水平和觉悟，促进由知向行的转化；建立思想政治教育基地，各门课程安排一定课时进行社会调查活动。通过组织学生进行社会调查，积极引导学生认识社会，引导学生将个人发展和社会发展结合起来，树立远大的目标和理想；使学生了解我国社会主义建设的成就，从而更加爱党、爱国，使思想政治课程教学的针对性和实效性得到提高。

（5）通过思想政治、社团活动、讲座等校构筑育人的氛围，并形成良好的校园文化。通过细致的思想政治，应以爱心、耐心和真心对待学生，构筑温暖的校园大家庭。学校应积极引导学生参与营造丰富多彩的校园文化氛围、浓厚的学习氛围、温馨的家园氛围的活动中来，以培养和发掘多层次、多方位的大学生榜样，并发挥榜样示范作用。通过社团活动、讲座等丰富校园文化，并形成对外覆盖的品牌，进而发挥校园环境对学生思想政治道德素质隐性的影响作用，并增强大学校园文化潜移默化的育人作用。

（二）要建立高校思想政治教育课堂教学与社会化教育融合协调的长效机制

建立高校思想政治教育课堂教学与社会化教育融合协调的长效机制，需要从三个层面努力。

（1）从国家层面来看，需要采取有力的措施，并进一步推进各高校全面落实有关思想政治教育的文件精神，尤其是反映强烈的师生比、经费、教学单位独立建制等方面，使得各方面有条件的进行精耕细作的思想政治教育；以宣传系统和高教系统为核心，构建学术界、新闻传播界、文艺界、教育界、政工系统等多层次、多方面的思想政治教育队伍，并促进相互间的交流；满足大学生对大众传播媒体的需求，提高大学生媒介素养，采取必要措施，净化大众传播的媒体环境。

（2）从高校层面来看，要打破校内在思想政治教育方面的条块分割现状，应建立一个融合多方的委员会或联席会议制度，形成教育合力。通过这一平台进行沟通和指导，协调教学、学工、宣传、组织等部门，形成合力；同时注意充分利用和引导各种学生社团、非正式群体、NGO 等、校园文化活动、人际关系、大众传播媒介等构成思想政治教育校园环境的因素，使之发挥隐性教育的功能。

同时增强校内代际和同辈的交流与沟通，发挥其社会化的教育功能。学生骨干在群体交往中形成若干不同层级的中心，他们发挥着舆论领袖、观念传播和情绪感染等方面的作用。这需要根据大学生受众对榜样的需求，更多地选择体现时代特点、来自大学生生活世界的各种典型，从典型的先进层次、先进内容等方面合理发掘、分类开发，以激发大学生对典型的学习热情；发挥教师的引领作用，如名师教授讲述个人的成长经历、广大教师职工言传身教等，校关工委通过“乐为、乐助和乐育”活动影响的大学生的思想政治素质。

（3）学院要设计具体制度落实进行，在课程设计和安排、思想政治教育经费开支方向、教师业绩考评等方面加强落实，创造有利于二者融合协调的有利局面。在加强思想政治核心课程建设的同时，德育课程（思想政治理论课）实施主辅制，按主辅制的原则在学校的人文选修课中开设一些选修课程，并作为思想政治理论课的辅助课程，人文素质教育课程内容融入德育内容，进一步提高大学生学生的工作素质和人文素质，培养一批青年马克思主义者；完善社会实践制度，落实人员和经费保障；建设大学生自主互动学习马克思主义思想的网站，加大学生参与研究等经费支持力度；逐步完善教师考评制度，鼓励教师参与社会化教育活动。

第三节 高校思想政治理论课实践育人模式改革的有效路径

实践教学环节是改善和加强高校思想政治理论课程效果的有效途径。实践教学模式的改革是高校思想政治理论课实践育人的有效路径。学生想要健康成长，不仅要学习书本上的知识，而且要在社会实践中学习，还要坚持教育与社会实践相结合。实践教学的开展应该也必须是长期的，对实践教学环节有效模式的探索也必然是长期的。只有通过不断的实践，才能发现、总结出切实有效的实践教学模式，不断创新发展实践教学模式。

本书认为，高校思想政治理论课实践教学要着眼于 3 "L" 新模式改革。所谓 3 "L" 模式，一是指思想政治理论课实践教学在管理理念上要体现课程性（Lesson）、研究性（Learned）和持久性（Lasting）这样的 3 "L" 原则。其中，课程化是关键。

二是指在实践教学的实施过程中和具体做法上，要致力于实践教学场所上的联合培养基地（Linkage）、事件发生的现场（Locality）和实验室（Laboratory）的固化的 3 "L" 建设；要确保实践教学环节上的学生拟订好计划、提出实践性问题（Lay），老师带领好、指导好学生实践（Leading）和事后提交并交流好实践后的个人见解与收获（Light）的优化的 3 "L" 过程；更要立足于实践教学效果上的使受潜移默化的影响（Leaven）、使增强社会责任意识（Liability）和使提高实践和行动能力（Live）的深化的 3 "L" 目标。

一、思想政治理论课实践教学的实现条件

实现有效的实践教学条件包括实践教学资源的开发利用、实践指导教师培训与整合、实践教学运行和保障机制。

实践教学资源总是有限的和需要开发的，主要可从地域资源和横向管理机构资源两方面进行开发和利用。地域资源主要指校内和校外实践教学基地，包括博物馆、纪念馆、革命遗址等爱国主义教育基地；改革开放成就显著的小城镇、学校董事单位、校友所在单位等社会资源以及高校自己设立的大学生创业基地、就业基地、军民共建单位、科教合作单位等；在高校内，校史馆、各种校园人文景观等，都是实践教学资源。此外，横向管理机构资源的开发利用值得思想政治理论课实践教学管理者的特别关注。教学部门拥有理论功底扎实的师资

队伍、学术资源和少量的经费资源、组织资源，而学生管理工作机构则拥有广泛的组织资源、充足的活动经费和丰富的校外资源；加强相互间的沟通，优势互补是很有必要的。

有关实践指导教师的培训与整合，应做好以下工作。①抓好教师自身的实践活动。高校应对思想政治理论课教师进行培训，引导教师不仅要掌握丰富的感性认知和理性认知，而且要掌握教学方法，尤其要掌握将理论和实践相结合的教学方法。让教师走出校门，更多地了解外面的世界，以弥补自身社会阅历和实践经验的不足。②整合实践教学的教师队伍。

由于思想政治理论课教学涉及在校所有专业的学生，所以仅依靠思想政治理论课教师开展实践教学活动，力量过于单薄。要将各系、各班的学生辅导员和班主任纳入到实践教学活动的组织过程中。另外，也可以聘请一些校外指导教师，让他们参与具体指导学生的社会实践活动。

实践教学运行和保障机制的创设是实践教学实施的枢纽，是实践教学得以长效运行的关键，因此有必要从三个方面构建运行和保障机制。①整合思想政治理论课各门课程的实践教学内容，形成独立的教学体系，使之课程化。②细化职能部门的具体工作任务。思想政治理论课教学部负责组织编写实践教学大纲、教材和指导书，制订实践教学具体要求和成绩评定标准，制订实践教学计划的实施方案和调研课题指南，外派实践教学指导教师，检查指导教师的实践教学活动，总结评估实践教学的效果；教务处根据教学计划下达实践教学任务，制订教师实践教学工作量计算办法，并审核其经费的使用情况，检查、督导、协调全校的实践教学活动；指导教师会同团组织和思想政治部根据教学任务组织落实实践教学并，考核学生实践课成绩。③设立专项经费并合理使用。关于思想政治理论课教学经费问题，教育部曾下发过多个相关文件，明确要求各高校每年应按一定的生均数额标准划拨专项经费，并用于思想政治理论课教学。教学主管部门落实好实践教学专项资金，以保证实践教学长期和卓有成效地开展。

二、思想政治理论课实践教学的的改革路径

改革之路永无止境。思想政治理论课实践教学的改革也同样重要和充满挑战，必须奋力前行。

（1）要加大对思想政治理论课实践教学内容的改革。实践教学的实质内容——教的是什么？学生应该学到的是什么？调查发现，学生理解的，思想政治理论课所教的内容是比较局限的，而且和他们的现实生活联系很不紧密，所以学生往往容易产生一种学习这些课程也没有多大用处的想法。从学科的角度来看，思想政治理论课的内容本身就是这种理论性较强的，因为都是伟人们思想的结晶，较高的概括性使学生产生难懂枯燥的感觉也是在所难免的。所以在教材的编排上，特别是在授课中和实践教学环节上，既要坚持马克思主义的基本理论、基本观点、基本立场、基本方法，又要与时俱进，跟上时代和社会实践的发展，走进大学生的精确世界和关注他们的人生问题，应多配合着添加一些热点话题，紧密联系重点事件，使他们感受到思想政治理论课的某些原理在学习中是可以运用的，而某

些历史事件在生活中是可以借鉴的，这样就能够激发他们学习的欲望，让他们愿意为了改造自己，改善身边环境，改造社会而学习。把高校思想政治理论课的内容与大学生全面发展、做社会有用的人、实现个人人生价值等利益和需求结合起来，使学生真正认识和体会到中国马克思主义思想最新的理论成果，也是指导当代中国社会主义伟大实践的唯一正确理论，还是他们自身的内在需求和根本利益，使马克思主义中国化的最新理论深入人心、产生价值共鸣、成为理性信仰，要得到大学生内心而不是表面上的认同，切实增强高校思想政治理论课的感召力。

（2）要改变传统的教学方式，精心设计教学环节，突出思想政治理论课教学的实践性，拓展课堂教学，多参与社会实践，多反省审视自身。教师的教学方法对教学质量也产生很大的促进或阻碍作用；一名学生喜爱一门课程也多少是因为喜爱或尊敬这门课程的老师的因素。所以完善教师个人魅力及改善教学方法，对于提高思想政治理论课的教学效果有很大作用。充分调动学生参与课堂教学活动的热情以及学习的积极性、主动性和创造性，活跃课堂气氛的教学模式的转变，对任课教师提出更高的要求，需要教师更重视教学手段和方法的学习与研究，不断提高理论水平和教学能力。在课堂上教师应当根据教学内容精心设计实践教学环节，并综合运用各种教学方法。为了加强学生对教学内容涉及的现实问题的理解和认识，教师应当精心创设特定的情境，并引导学生以情境中主人公的身份去探求问题的答案。鼓励学生通过课堂讨论、辩论、演讲、对话等形式，主动参与课堂教学。也可以让教师和学生角色互换，由学生组织课堂教学，采取这样的实践环节，可以帮助学生既深化所学的基本理论知识，又有助于培养他们逐步养成理论联系实际的良好思维习惯。还可以以体验生活、观赏影片、角色扮演等方式来组织实践教学。

对于思想政治理论课的实践教学活动的偶然性、随意性、间断性的问题，学校在课程安排时可做硬性规定，如可在教学计划上明确规定，思想政治理论课的老师每周要用两个小时从事理论教学，另外一个小时安排学生进行实践教学活动，从而使实践教学切实纳入教学计划的范围；或者把思想政治理论课的理论课与实践课相分离，并交替进行，这样既有利于理论知识的理解、消化和吸收，也能长时间地吸引学生的注意。因为理论课上教授的知识在下一节课就会在实践教学中得到应用，所以学生学习理论知识的积极性、主动性也会更高，还能在实践活动中得到很好的知识迁移，这样就能逐渐实现常态化。

（3）要依托学生社团，构建校园实践平台。政治理论课教师应当积极参与大学生的社团活动，自身参与其中，拉近与学生的距离，使校园文化与理论教育有机结合，也使课堂延伸到更加广阔的大学校园中。当前，在各个高校中，拥有大量的学生社团，而这些社团有着广泛的学生基础，他们都是按照兴趣选择性地参加社团的，所以以社团为单位来组织思想政治教育活动的号召力也会更大，响应度也会更高。另外，社团内诸多的社团实践活动也很适合搭建实践教学平台，开展校园内的思想政治教育，因为各类社团活动直接与学生的生活相联系，便于学生广泛参与，在这其中，理论教师可以大有所为。教师可以指导学生以科学发展观等党的创新理论为指导，开展以校园大学生的生活情况调查、校园名师访谈和校园文化建设等主题的实践教学活动，使思想政治教育理论课堂教学延伸到整个校园。例如，社团组织创办寝室文化节，寝室内部整洁度、室友间和谐相处程度都被列入到评选的范围中；又例如创业大赛，以模拟的形式来组织学生体验创业，使他们认识到创业所要满足的条件和自身的优势所在，还能让他们了解现在应届毕业生找工作困难的局面，并促使他们萌发创业的念头以解决就业问题。

（4）要因地制宜，抓好思想政治理论课教学实践基地建设。近年来，虽然各高校开展的大学生“三下乡”暑期社会实践和礼会调查等社会实践活动在一定程度上弥补大学生实践经验的不足，但由于这些活动往往存在较高的经济和社会成本，学生参与的广泛性和经常性难以保证，因此，从学校自身的实际情况出发，整合学校、社会的教育力量和教学资源，积极建设大学生的社会实践基地，这是提高思想政治理论实践教学成效的重要环节。思想政治理论课教师完全可以利用这个机会，在学生进行专业实习、实训的同时，指导学生加深对社会的了解，并完成思想政治理论课的教育要求。如师范类的学校就可以和某些中学达成协议，成为实习基地，寒暑假学生就能利用空闲时间到学校实习，来提高自身的素质和专业技能，还能锻炼自己的交际能力。服务学习实践教学本土化就是要学校、教师应因地制宜，并根据本地的优缺点创造条件，使学生参与到社会实践中来，并创造出具有本地特色的社会实践活动。

（5）要重视新媒体的运用和校园网络的开发，依托网络平台推进思想政治理论课的社会实践。微博、微信、班级 QQ 群、校园论坛等新媒体技术要利用好，要会用，也要善用。校园网络已经成为大学生学习和交流的重要媒体，积极建设校园网络德育论坛，对于深化实践教学具有重要作用。可以在校园网上及时提供各种社会实践的信息和各种课外学习的资源，组织大学生开展经典著作阅读、经典讲座展播、主体演讲评选、优秀社会实践报告交流等丰富多彩的网络实践活动，以提高实践教学的覆盖面。利用网络实践教学平台开展实践教学工作，发挥实践育人功能，是思想政治理论实践教学的有益尝试，投入不多、见效快。

（6）应构建稳定、科学、合理的实践教学考核评价体系。关键问题是从三个方面：①可行性。主要是实践教学课评估指标的可操作性。这就是说，指标必须简便易行，各项指标的设计便于获得、符合实情，对反映教学成果具有实际意义。②方向性。在制订实践教学考核指标时，必须与课程特点紧密结合，注重考察对学生世界观、人生观、价值观形成和认识能力的提高，如参与社会实践的积极性、观察社会的视角、对社会热点问题的倾向等。③整体性。实践教学评估体系作为一个系统，在设计指标项目时，必须注意整体性。当然，实践最后结果（调查报告、问卷分析、观察体会等）是最重要的，但在实践过程中的每一个环节都最好有量化的办法，以便于操作。此外，教师和学生必须应端正对思想政治理论课实践教学的态度，这样才能用心地把握和有效地推进教与学、知与行、实与干。

第五章

新时代背景下高校思想政治教育“精致育人”模式研究

第一节　“精致育人”模式

一、概述

在笔者看来，思想政治教育“精致育人”模式是新时代背景下，探索提升思想政治教育工作质量的一种创新形式。“精致育人”是一种依托高校思想政治教育现状，以大学生的有效需求为出发点，尊重大学生的个体差异，以文教化人心，在规则下引导大学生发展个性，满足大学生内在需求和期待的育人方式。

“精致育人”是遵循教育发展和学生成长客观规律而进行细致深入的探索，是一种创新的理论。高校将“精致育人”融入到思想政治教育的全过程，把思想政治教育做精、做细、做实。根据大学生身心发展的特点和思想品德的形成规律，对思想政治教育的过程进行精心设计，将思想政治教育具体化、明确化、条理化，关注每一个环节，并落实到具体工作中，做到环环掌控，有机衔接，精细思想政治教育过程，从而使思想政治教育规范化、细致化、精益化。“精致育人”要建立明确细致的教育目标，科学具体地划分教育对象，思想政治教育工作者要做到精心、细心、精益求精，确保把思想政治教育覆盖到每一个过程、细化到每一个环节、规范到每一个步骤、具体到每一个动作、落实到每一位人员，从而把思想政治教育做细、做扎实，做出成效、做出精品，把思想政治教育融入日常的服务与管理工作中，最终做到教学育人、服务育人、管理育人、全员育人，不仅提高思想政治教育的效果，还提高思想政治教育的针对性和感染力。

二、基本特征

“精致育人”是一项自上而下实行的系统的、整体的、协同化的一项工程。学生教育工作者通过制定规章制度，培植精细化的意识，建立思想政治教育目标体系，制订精细化的教育方案，精心设计教育过程，增强辅导员的执行力，提升实效性，以达到思想政治教育的预期效果。思想政治教育“精致育人”具有鲜明的时代特征。

（一）“精致育人”是一种终极价值追求

思想政治教育精致化是一个价值追求过程，而“精致育人”是精致化理念的核心价值。所谓“精致育人”，就是将大学育人、树人之道置于哲学的思辨中，置于精妙道义的探索与运用中，更是置于大学文化的给养中。正所谓“精义入神，以致用也”。“精义入神”势必要精益求精、追求卓越，“以致用也”自然要独具匠心、精心出精品。高校思想政治教育是一项具有长期性、系统性和复杂性的“过程教育”，其教育效果在短时间内难以得到充分显现和客观评价。这就需要教育者将其视作人生使命和终极价值追求，持续不断地对其倾注智慧、激情和创造力。

（二）“精致育人”是一种育人态度

精致，本身是一种文化态度；育人，正是社会责任和时代使命。在高等学校，“精致育人”的理念必将推进思想政治教育浸润中西学养，博采众家之长，深刻打上文化的印记。而所谓的文化态度，则是以文教化人心。这种文化态度对于教育主体一方，则要求要有“为中国而教”的使命感，有“为更好的教育”的目标感，尊重个体发展，追求至真、至善、至美的育人境界；对于教育客体一方，则要求要有“独立的精神、自由的思想、完善的人格”，要敢于挑战权威，敢于整合与重建。“精致育人”理念正是注重人的精神生活，强调育人的人文效益和学校文化的育人功能，形成一种以文化为特征的育人态度与方法。

（三）“精致育人”是一个更高的教育层次

“精致育人”是社会发展到一定阶段后对高等教育的客观需求，是对传统育人方式的替代。它倡导“科学管理”与“人本管理”的融合，科学精神与人文精神的统一。它将“人本”和“人文”精神体现在思想政治教育工作每一个环节中，尤其是涉及人的思想、人的心灵等方面。“精致育人”在强调“培养什么样的人”的基础上，更加关注“怎样培养人”和“如何培养好人”，即着眼于思想政治教育工作的微观操作和具体执行。它将思想政治教育工作视为一个动态的发展过程，坚持从细节入手，强调育人过程与效果并重。在教育内容上体现针对性，在教育安排上体现科学性，在教育方法上体现艺术性。

三、框架构建

（一）思想政治教育主体“四精”追求

要实现“精致育人”理念，教师作为该理念的实施主体之一，要在思想政治教育实践中体现出“四精”，即精心、精细、精品、精益求精。在实践活动中这四个维度之间呈递进关系。“精心”更注重对这一教育理念的认知程度和实践态度，教师应当精心设计精致化教育的具体实施、过程把握、信息反馈、阶段调整等环节，“精心”为不同年级、不同特点、不同发展阶段的学生量身打造适合其个人发展的教育方式和途径；“精细”更注重“精致育人”理念在原则上的明确、制度上的完备和程序上的规范。这种明确、完备与规范的状态并非是面面俱到、无所不及，而是要关注到学生成长中的原则性和关键点；“精品”即精致化管理的成果，“精致育人”理念的初衷就是培养完整的人，应当注重典型事例、典型人物等实践成果的育人效果，在不断总结和提高中推进育人过程；“精益求精”即精致化管理的内涵追求和价值追求，强调在精心设计、精心培养、精细育人、精品育人等环节后，在关键点、原则、规范的确立和遵守的基础上，仍要不断追求卓越的更高的境界，这充分体现出思想育人无终点，应始终保持对个人发展潜能的认知。

（二）思想政治教育客体“四性”认知

要实现“精致育人”理念，学生作为精致化育人的另一重要主体，在日常生活和学习自我管理中，应当完成“四性”的认知和改变，即对被动性、主动性、批判性、建设性的认知和改变。这四者之间既呈现先后逻辑关系，也呈现出个人认知发展特点的规律性。被动性即区分大学教育和高中教育的差别，学生应明确大学不同高中时期被动接受教育和管理的模式，大学教育的自主性逐渐增强，自我管理意识和能力有待提高，特别是在时间管理、自我规划、学习方法等诸多与学生切身相关的实际问题上呈现出更大的自主性和自由度，需要尽快适应和转变；主动性即与被动性相对应，学生应有意识地培养和提高自身在大学学习、生活中的自主性和参与度，学会自我规划、自我管理、自我服务，培养对问题的预判能力和解决能力，能独自面对问题、解决问题；批判性即敢于表达自我、挑战权威，在充分认知和研究学习的基础上，对不合理的现象、不适应个人发展的情况有批判的意识，树立批判的精神，大学的责任在于培养敢于领先时代，具有前沿思维，拥有独立精神和完善人格的人，因此，这种批判性的倡导更是为了重建与创新；建设性即有意识地培养和锻炼自己为改善环境、改革机制、改变弱点而提出具有建设性的意见。批判性的重建是对创新思维和创新能力的更高要求，应通过学生建设性的意见和建议，形成自下而上的反馈和建设机制，不断推进“精致育人”理念的成熟和发展。

（三）思想政治教育“精致育人”三项维度

笔者认为，“精致育人”理念的提出既是管理范畴，又是文化、意识范畴，因此，将思想政治教育中的“精致育人”管理框架分为精致文化、精致思维、精致管理三大类。在精致文化中，将与大学生在校学习、生活息息相关的课堂和寝室作为精致化教育的两大基础阵地，将丰富和完善大学生个性发展和提升综合能力的校园文化作为精致文化教育的重要抓手和有效途径，由此界定思想政治教育中精致文化的外延，明确精致文化的着力点和落脚点；在对精致思维框架的构建中，将管理学中的科学管理思维和人本管理思维相互融合，呈现相辅相成的补充关系，提倡以人为本的管理思想，并重视管理过程中的科学性、系统性、规范性，突出定量与定性分析相结合的重要意义，并将在互联网时代背景下，对创新思维的需求和培养作为精致思维的重要组成部分，站在现实基点，充分展望未来教育的前瞻性需求，真正做到思想政治教育中的思维领先；在确定精致管理内容上，提出规则管理、个性管理和痕迹管理三个方面，三个方面既各具特色，又相得益彰，并呈现清晰的逻辑关系，体现精致管理思想的思维体系就是要在大学生明确规则的前提下，发展个性，兼容并包，以提倡多元化、个性化的发展理念，即提倡规则之下的个体自由。一方面要让大学生树立正确的世界观、人生观和价值观，拥有坚定的理想信念，做中国特色社会主义事业和实现中华民族伟大复兴的中国梦的坚决拥护者和继承者。另一方面要让大学生充分挖掘和培养自身潜能，从自身实际情况出发，逐步培养个人的核心竞争力，以提升个人综合能力和社会竞争力。在规则管理和以深入辅导为方式的个性管理外，还包括学生痕迹管理内容，旨在以大数据和大事件为依托，提高管理的预测性，逐步探索学生发展的规律性，服务于基础科研，从而更好地指导实践。

第二节　问题导向型需求管理

问题是时代的声音，只有树立强烈的问题意识，才能实事求是地对待问题，才能找到引领时代进步的路标。问题导向是以解决问题为方向，是马克思主义世界观和方法论的重要体现。

一、问题导向型需求管理界定

高校思想政治教育中存在的问题，有的表现为教育主体在教育过程中内容、方式等方面的问题，有的表现为教育对象在成才成长过程中思想认识、学业拓展、文化素养、身心健康等方面的问题，也有的表现为教育主体与对象之间育人方式等方面的问题。本书“问题导向型需求管理”中的“问题”特指教育对象自身在成长成才过程中的思想认识、学业拓展、文化素养、身心健康等方面存在的问题与不足。

教育对象个体在成长成才过程的发展是不平衡的，每个个体在思想认识、学业拓展、文化素养、身心健康等方面都会存在不同程度的问题与不足，随着年龄的增长，在认知达到一定阶段后，这些问题与不足必然要转化为其主观上的有效需求。教育对象的“有效需求”恰恰又是教育主体工作的出发点与归宿点。所以，教育主体应认真梳理学生的有效需求，列出问题清单，摆出表现事例，深刻剖析问题原因，以找到满足学生有效需求的正确路径。

思想政治教育“精致育人”模式下的问题导向型需求管理，要求教育主体及时发现教育对象存在的问题与不足，引导其在认知达到一定阶段后，将问题与不足转化为其成长过程中的“有效需求”。传统的同质化教育无法完全满足这种“有效需求”，应做到有效满足，教育主体需要对教育对象实施非同质化、小范围、个性化的辅导。

坚持问题导向型需求管理，前提是发现学生需求，正视学生需求。学生需求是思想政治教育者的发展动力，在学生需求的驱动下，学生教育工作者会主动思考，主动研究，适时调整工作模式、方法与内容；坚持问题导向型需求管理，其核心是找准学生需求。大学生的需求无处不在，表现形式多种多样。在思想政治教育推进过程中，既要找准共性需求，也要找到个性需求。既要找准表面需求，也要找到深层次需求。更为重要的是，要在大学生众多的需求中找到其成才成长过程中不可或缺的个性化有效需求；坚持问题导向型需求管理，关键是满足学生的需求。发现学生需求、找准学生需求是过程，思想政治教育的最终目的是要做好路径设计，以满足学生的有效需求，这也是思想政治教育主体的终极价值追求。

二、问题导向型需求管理价值

思想政治教育“精致育人”模式倡导的问题导向型需求管理通过解决、满足思想政治教育对象自身存在的问题与有效需求，对大学生思想和行为发展发挥不可替代的作用。这种不可替代的作用主要表现在两个方面。

（1）通过解决大学生自身存在的认同困惑等适应性需求，对大学生思想和行为发展发挥主导作用。思想政治教育，不仅要讲社会的价值规范，发挥思想政治教育内容的主导作用，而且也必须研究大学生在接受国家社会价值规范过程中存在的接受认同困惑，把握大学生自身存在的与社会价值规范的差距问题，这两方面的问题也可以理解为思想和行为中的问题。研究把握问题是解释、解决问题的前提。只有解决大学生的思想和行为中的问题，才能使他们接受社会的价值追求和规范体系；也只有解决大学生和思想行为中的问题，才能实现对他们思想和行为的引导。不可否认，当代大学生的思想和行为主流是好的、积极进步的，但其中的问题也是客观存在的，尽管这些问题也是成长和发展中的问题，我们也必须认真解决，积极引导。

（2）通过满足大学生自身学习、日常生活等发展性需求，对大学生思想和行为发展发挥指导作用。大学生在现实生活中，存在很多实际的有效需求，诸如未来的发展方向、现实中的学习方法、处理人际关系的技巧、恋爱与否的抉择、网络生活的挑战、学习与休闲的把握、学习与工作关系的协调等。这些个性化的有效需求能否有效满足，直接影响大学生的学习生活和未来的发展。从关心大学生成长发展的角度，高校的思想政治教育主体应该创新育人模式，为大学生提供个性化辅导，以满足大学生个性化有效需求，而只有这样，大学生才能更愿意接受社会价值规范。就大学生自身来说，他们在学习生活和发展道路选择等问题上，需要有人给予指导。在指导大学生如何面对这些问题的过程中，我们既可以从学生自身的利益出发，又要兼顾社会发展的现实需求，进而发挥思想政治教育的指导作用。

三、问题导向型需求管理路径

“精致育人”模式中的问题导向型需求管理主要包括“大学生有效需求”征询、“大学生有效需求”确认和“大学生有效需求”满足三个阶段的工作。

（一）“大学生有效需求”征询

问题导向型需求管理第一阶段的工作是“大学生有效需求”征询。具体地说，“大学生有效需求”征询工作就是如何发现大学生的有效需求。学生的需求是多元化的，有的是共性需求，有的是个性需求。共性需求一般由大学教育提供的同质化教育来满足。这里的“需求”指的是个性需求，我们称之为“大学生的有效需求”。传统的同质化教育无法彻底满足“大学生有效需求”，要彻底满足，教育主体需要提供非同质化、个性化教育。

思想政治教育主体要正视“大学生有效需求”。只有这样，才能真正确立大学生的主体地位，真正尊重大学生个体差异，真正遵循大学生的成长规律。“大学生的有效需求”是推进高校思想政治教育“精致育人”模式的基础。

“大学生的有效需求”征询工作是一项极其复杂的系统工程。事实上，高校大学生的个体素养的发展是不平衡的，自身存在的不足与问题也是不同的，这直接导致每名大学生存在不同的有效需求。征询“大学生的有效需求”是高校思想政治教育工作的开始。在实际工作中，一般采用“调查问卷”“深度访谈”等方式来征询“大学生的有效需求”。

（二）大学生“有效需求”确认

问题导向型需求管理第二阶段的工作是“大学生的有效需求”确认。具体地说，“大学生的有效需求”确认工作就是要找准“大学生的有效需求”。能否找准“大学生的有效需求”是实施和推进思想政治教育“精致育人”模式的核心，直接影响思想政治教育的实效性。在工作实践中，在“大学生的有效需求”征询工作基础上，将“大学生的有效需求”确认为以下八个方面。

1. 理想信念需求

理想信念教育是思想政治教育的核心，大学生群体普遍理想信念坚定，政治热情高涨，积极向党组织靠拢，但当落实在实际行动上时，他们一般比较茫然，不知道如何将理论与实际相结合，缺乏实践锻炼，政治敏感度较差，关心时事政治的热情不足。

2. 学业知识需求

大部分学生对大学的学习节奏把握不准，自主学习能力弱，自制力较差；学习方法不科学，没有养成良好的学习习惯，难以适应大学的学习；不能做好学业规划，难以合理安排学习时间；对本专业知识和发展前景不了解，专业知识浅薄；不知道需要考取哪些专业资格证书等。

3. 日常生活需求

很多学生进入大学后适应性较弱，自理能力也较差，生活迷茫，无所事事；异地求学的学生难以适应跨区域的地理环境、饮食等；生活方式不健康，其中包括作息时间及饮食不规律，极度缺乏运动；“低头族”现象普遍。

4. 校园文化需求

高校的校园文化十分丰富，绝大多数学生参与活动热情很高，但是在该过程中往往把握不好学习、社团、学生会三者的平衡；校园活动项目类别繁多，但是一些活动难以满足学生的需求和兴趣，活动的吸引力和受欢迎程度不高；个别学生参与活动的主动性差，甚至抱着功利的色彩，如为了量化加分等，而忽略参与活动本身的意义。

5. 就业创业需求

人才市场竞争激烈，就业压力较大，大学生就业问题难摆在眼前。部分学生不能提前做好职业生涯规划，在毕业择业时茫然无措，信心不足；专业能力不强，职业素养不足，缺乏实习、工作经验；从简历的撰写到求职面试的准备，专门的培训和指导匮乏；不了解就业和创业的政策，缺少创新思维和创业能力。

6. 人际交往需求

寝室和谐、班级和谐，才能促进校园和谐。大学生来自四面八方，性格、风俗、饮食习惯差异很大，他们交往的愿望强烈、需求迫切，但是不成熟、不稳定；还有一部分学生在人际交往方面存在一定障碍，为了更好地融入大学生活，他们迫切需要了解促进沟通交流的方法。

7. 心理健康需求

学业、生活、情感、就业等现实问题的多重压力下，大学生心理问题和心理健康问题日益突出，关注大学生心理健康尤为重要。大学生心理健康需求主要体现如下两方面：一方面是一般性的成长心理问题，这也是大学生常见的心理问题，需要实时关注；另一方面是出现了不同程度的心理障碍，需要重点关注。其中，心理问题包含因环境改变而导致的心理适应问题，因学习压力而导致的心理调试不当问题，因自我认知、情绪控制、人格发展能力较弱而导致的人际交往和恋爱情感等方面出现的心理与行为偏差的问题。

8. 综合素养需求

大学生对职业技能的需求很高，他们在大学期间迫切希望提升自身的语言表达、逻辑思维、办公自动化操作、组织协调、沟通应变、职场礼仪等能力，却苦于找不到学习和锻炼的途径。

（三）满足“大学生的有效需求”

问题导向型需求管理第三阶段的工作是“大学生的有效需求”的满足。总体上说，“大学生的有效需求”分为适应性需求和发展性需求两种类型。适应性需求包括日常生活需求、校园文化需求、人际交往需求、心理健康需求等；发展性需求包括理想信念需求、专业知识需求、就业创业需求、综合素养需求等。根据“大学生的有效需求”类型，结合新时代背景下思想政治教育特点，满足“大学生的有效需求”可以有三种路径选择，如图7－1所示。

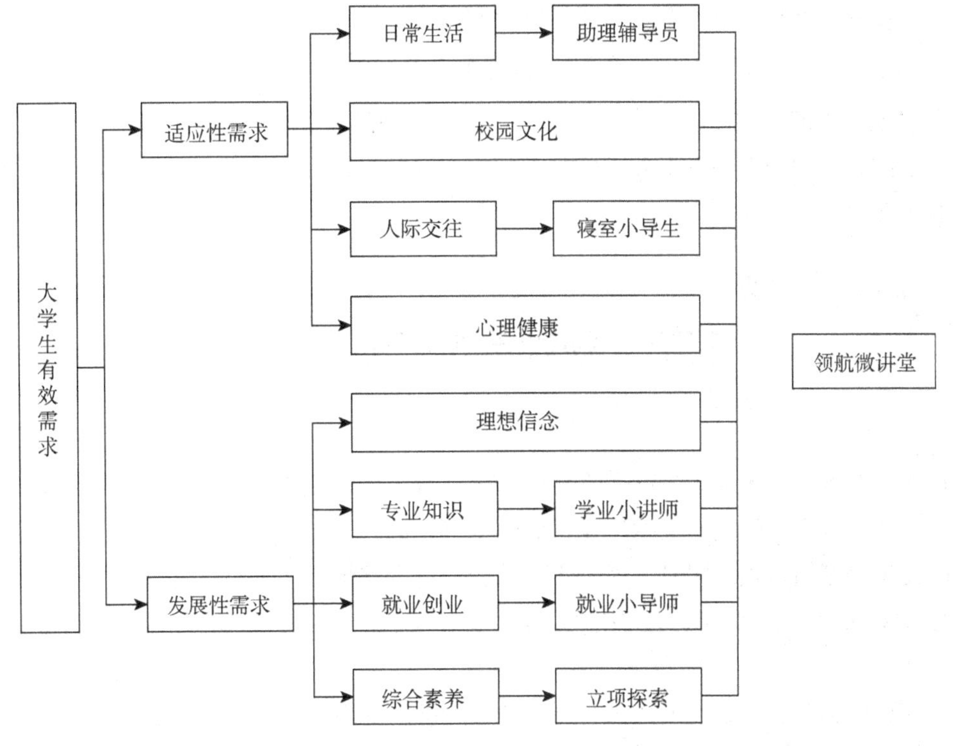

图7－1　满足“大学生的有效需求”的路径选择

1. 整合思想政治教育专兼职人员资源，面向全体学生开设领航微讲堂

领航在于引领，微讲堂的“微”要突出两个方面：一是在辅导范围上，强调小范围、一对一，突出个性化特点；二是在辅导内容上，强调细节、过程，突出接地气特点。领航微讲堂利用线上等方式向学生发布预告，使学生结合自身的有效需求自愿选择参加。思想政治教育主要根据学生参加情况及反应情况来判断“大学生的有效需求”的变化情况，适时调整满足“大学生的有效需求”的内容。领航微讲堂包括：社会主义核心价值观成长微讲堂，可以开设《不忘初心，牢记使命，践行社会主义核心价值观》《积极心理赢幸福人生》《凝聚青年力量》等相关课程；专业技能提升微讲堂，可以开设《就业技能提升》《应聘面试的心理准备与技巧》《公文基础写作》《互联网思维训练》等相关课程；综合素养提升微课堂，可以开设《美妆沙龙和女大学生礼仪》《大学生婚恋观》《学生干部影响力》《学生干部新媒体素养提升》《创业人生成就梦想》等相关课程。

2. 利用高年级学长优质资源，面向学生实施朋辈引领工程

在专业学习、创新创业、校园文化、综合素养等方面选择树立典型，总结经验，面向有兴趣、有需求的学生实施小范围的个性化辅导。可以利用助理辅导员指导低年级学生尽快适应与丰富大学生活；可以利用寝室小导师对大一学生开展思想引领，指导其写入党申

请书、思想汇报，将先进理论的学习引进大学生寝室；可以利用学业小讲师帮扶学业有困难的学生，指导有学习潜力的学生拓展专业知识领域；可以利用就业小导师指导并带领大一学生参与各类创新创业大赛，提高其综合素养等。

3. 发挥学生本人专业知识资源，在学生中开展自我探索项目

在“大学生的有效需求”中，有些事个性化较强的综合素养诉求，而且在短时间内依靠教育主体和导师的引领效果并不明显，可以引导学生通过立项探索，并在探索中满足自身的有效需求。

第三节 规则意识下的个性管理

目前，在校大学生多为“90 后”“00 后”，其成长环境变化之大使其身心发育和社会认知也较之以往产生较大的反差，这一大学生群体的个人意识、参与意识和反叛意识较之以往的大学生更加强烈。同时，由于当今社会经济发展带来的冲击，互联网时代给生活和思维方式带来极大的改变，大学生面临着更多诱惑和挑战，价值取向趋于多元化、个性化。

传统高校思想政治教育模式具有过于死板、缺乏活力，压抑个性的特点，难以调动学生成长的内驱力，难以适应新时期大学生的新特点和新需求，难以满足个性化特点明显的“大学生的有效需求”。在传统模式下培养出的学生基础知识相对扎实，但是，创新能力较差，社会服务意识不强，这与社会对人才的实际需求不相适应。

高校思想政治教育“精致育人”模式最大的特点恰恰弥补传统育人方式的不足，充分体现在管理过程中“以人为本”的特点，充分尊重了教育对象的个体差异性和价值多元化实际，积极转变教育观念，依照因材施教的原则创造性地开展工作。“精致育人”模式中的精致管理具有灵活性、高效性，给教育主体和教育对象积极发挥的空间，是协调双方权益机制较为理想的模式。

在精致管理内容的确定上，既提出规则管理，又提出个性管理，两个方面各具特色又相得益彰，并呈现清晰的逻辑关系，体现在精致管理过程的思维体系就是要在大学生明确规则的前提下，发展个性、兼容并包、提倡多元化、个性化的发展理念，即提倡规则下的个体发展。

规则意识下个性管理，不仅要让大学生树立正确的世界观、人生观和价值观，拥有坚定的理想信念，做中国特色社会主义社会事业和实现中华民族伟大复兴的中国梦的坚决拥护者和继承者，还要让大学生充分挖掘和培养自身潜能，从自身实际出发，逐步培养个人的核心竞争力，以提升个人综合能力和社会竞争力。实践中，规则意识下个性管理路径设计包括家、校、社会联动管理，年级差异分层管理，特征差异分类管理等。

一、家、校、社会联动管理

大学期间是学生发展的关键时期，对于教育对象个体来讲，这种发展涉及家庭关系、社会环境和学校教育对个性的塑造，三者之间互为补充、互相促进。家庭教育和社会教育与学校教育的良好呼应，形成三位一体联动管理，同时有利于形成优质的教育氛围。

（一）家庭教育是学校教育的基础

家庭教育在每名个体的成长过程中担负着重要的责任，主要侧重于知识、智能、体力、思想、品质、身体、心理等成长教育，这些内容为学校教育起到基础性作用。学校教育中的文化引领与精神倡导，需要家庭教育给予足够重视和认可，并有意识地配合学校对学生个体成长进行塑造，特别是对于特殊群体学生的教育，需要家庭教育积极有效地介入，以帮助学校做好痕迹管理和成长背景调查，并为思想引领和专业教育提供支持。学校教育要认识到家庭教育的重要性，并要给予适当的指导，帮助家长建立现代的教育观念，端正对子女的教养态度，掌握科学的教养知识，提高家长的教育素养，以培养学生良好的道德品质和个性品质。学校应主动尝试举办新生家长会、毕业生家长会，开展家长接待日工作，以加强家校互动，增进学生家长、教育主体对教育对象的了解和关心。教育对象、学生家长、教育主体三者之间形成良性互动是开展推进思想政治教育“精致育人”的重要前提和基础。

（二）社会教育是学校教育的延伸

社会教育是指学校和家庭以外的社会团体或者社会组织，对社会成员进行的教育。社会教育日益发展，对于每名个体来说，越来越显示出不可替代的作用，它的深刻性、丰富性、独立性、形象性远非学校教育所能达到的。良好的社会教育有利于学生提高思想认识，有利于学生拓展知识、发展能力，有利于学生丰富精神生活，有利于学生发展兴趣、爱好和特长。高校思想政治教育“精致育人”模式更加重视社会资源对学校教育的延伸，充分整合了社会教育资源、优化社会教育资源配置，在社会实践中帮助学生了解世情、国情、社情，增强自身实践能力，找准人生发展方向，树立成长成才的目标，并实现社会需求与个人理想的合理对接。

（三）学校教育是人生教育的主导

学校教育在人生教育过程中的主导作用是不容忽视的。学校教育具有较强的计划性和系统性。学校教育是在各种严格的规章制度的制约下进行的，教育的内容既考虑社会政治经济对人才的需求，又考虑知识的逻辑顺序和学生的年龄特点与接受能力。学校教育是在国家教育方针指导下，按照一定的教育目的组织起来的，有比较完整的组织结构，有经过教育和训练的专职教育工作者，将教育对象按照一定的教育要求组织在专门的教育过程中进行教育和训练，其重要程度是不言而喻的。学校教育也是高校思想政治教育“精致育人”模式的核心环节。首先，学校教育有明确的针对性，注重学生成长中的细节和过程管理，鼓励学生规则意识下个性成长；其次，学校教育有明确的目标性，以立德树人为根本任务，以理想信念为核心，以社会主义核心价值观为引领，培养出德智体美全面发展的中国特色社会主义事业的建设者和接班人；最后，具有较强的可操作性，用“精致思维”架构立体式的育人格局，用“精致文化”教化大学生，用“精致管理”促进大学生的个性发展。

二、年级差异分层管理

高校思想政治教育历来遵循因材施教、有教无类、因人而异的教育思想和育人理念。《国家中长期教育改革和发展规划纲要（2010—2020年）》中指出：“关心每名学生，促进每个学生主动地、生动活泼地发展；尊重教育规律和学生身心发展规律，为每名学生提供适合的教育”。这要求思想政治教育要以学生的个性差异作为起点，关注每名个体，尊重差异、尊重个性，开展针对性教育。

学生的个体差异是客观存在的。每个学生所处的文化环境、家庭背景、社会生活条件、学校教育等社会因素千差万别，身心发育、知识积累和自身主观努力等也不尽相同。学生的个体差异，既表现在认知、情感、意志等方面，同时也体现在教育所形成的思想基础、教育过程等方面。

大学阶段，每个年级学生的成长需求和个体特点是不同的，教育主体在广泛开展理想信念教育、遵章守纪教育的同时，要通过精心识别不同年级学生的发展层次，根据学业水平、个性发展特征、个人发展规划等方面有效需求，设计有倾向性的相应层次的管理核心任务，由此形成“精致育人”模式年级差异分层管理路径设计，切实提高思想政治教育工作的针对性、实效性，如图7－2所示。

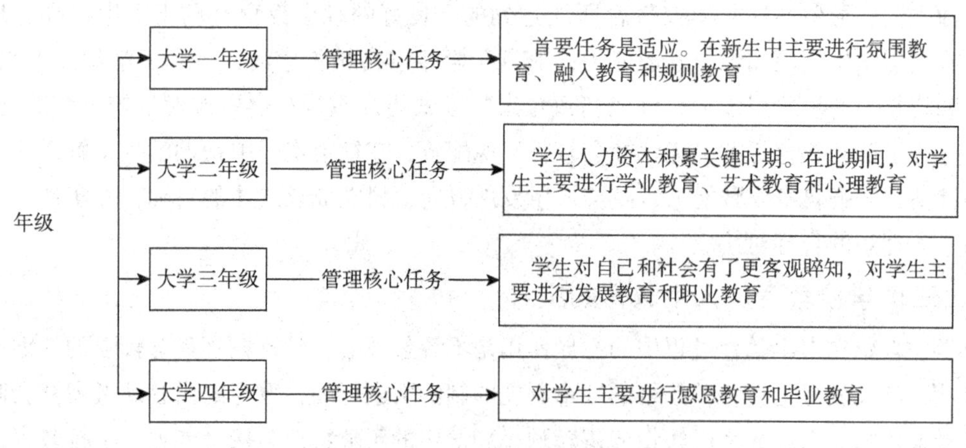

图7－2　年级差异分层管理路径设计

（一）大学一年级学生管理核心任务

大学一年级学生的首要任务是适应问题。教育主体对大学一年级学生应侧重于进行氛围教育、融入教育和规则教育，帮助其尽快完成高中到大学的转变，包括学习方式、独立生活、心理调适、人际关系、环境规则、自我认知与定位等具体内容。氛围教育通过“自立从今天开始”“迈好成长第一步”“学长朋辈引路”“独具匠心的校史教育”等主题活动，帮助大学一年级学生在入学时就能感受到大学独立、自由、开放的生活和学习氛围。融入教育通过“互动体验式社团活动”“团队辅导与军事训练”“多元交融校园文化展览”等主题活动帮助学生完成人际交往的破冰行动，树立团队意识，实行激励与反馈机制，形成团队整体风尚和价值观，帮助新生尽快建立自身朋友圈，形成和谐人际关系，更好融入大学生活。规则教育通过“师生面对面访谈”“引导式调查问卷”“个人成长档案分享”等主题活动帮助新生熟悉大学规章制度、校规校纪，明确学习、生活所需遵循的原则和规范，培养初步自我规划能力，提高学生个性、潜能、兴趣等方面发展的最优化和最大自由度。

（二）大学二年级学生管理核心任务

大学二年级是大学期间关键时期。教育主体对大学二年级学生要侧重学业教育、艺术教育和心理教育。学业教育要注重学业计划、专业技能和社会实践三个方面内容。通过“学业会商”等形式帮助学生制订个人学习计划，激发学生学习兴趣与潜力，利用“精英班”形式拓展专业学习深度及广度；注重理论与实践的结合，提高学生解决问题的能力，利用“挑战杯大学生科技作品大赛”“大学生创业计划大赛”等专业竞赛形式，以提升学生的专业技能；鼓励学生学以致用，积极开创教学实习基地，开展卓有成效的社会实践活动，提升专业教育的生动性和实用性。艺术教育是大学生素质教育的重要内容，通过陶冶情操、提升品位、滋养心灵，进而激发灵感、启迪智慧、鼓励创造。艺术在大学生成长中的作用无可替代，通过兴趣小组、学生社团丰富多彩的活动，让多元艺术文化的浸润始终伴随学生的成长，帮助学生形成完整的人格品质，营造丰富的精神世界，培养个人的高情商。心理教育则是在尊重大学生兴趣、爱好和特长的基础上，根据学生不同的心理特征和个性特点，培养逆商、情商和快乐生活的智慧，及时调试在适应环境、人际交往和个人发展等方面遇到的困难，让“快乐学习”“快乐成长”理念伴随每位学生成长。

（三）大学三年级学生管理核心任务

大学三年级学生对自己和社会有了更客观认知，基本会对未来发展形成轮廓性的蓝图和规划。教育主体对学生应侧重进行发展教育和职业教育。发展教育是指学生根据自身价值理念、人生理想、综合实力、兴趣指向、实际需求等相关因素，对自身的职业生涯规划进行评估和修改，教育主体应引导和帮助学生科学、合理规划未来发展方向和路径。对发展目标明确的学生，要在关键环节和平台上助力成长；对发展目标较为模糊的学生，要帮助其完成自身优劣势分析，平衡兴趣取向和实际需求的差距，并做初步的发展规划。职业教育包括职业取向和就业指导。通过专业实习、社会实践、自我认知等环节帮助学生做好职业定位；通过模拟面试、职场模拟、创业大赛等形式，鼓励学生在实践中发挥自身潜能，提高就业技能和就业能力。

（四）大学四年级学生管理核心任务

大学四年级学生即将结束大学生活。教育主体应对学生进行感恩教育和毕业教育。感恩教育是通过注重毕业典礼，建立校友档案，分享成长经历，开启“我写校史”等活动来激发学生感恩父母、感恩老师、感恩社会的情怀。毕业教育主要体现在教育主体对学生毕业、就业、升学、出国等各个环节的指导和对学生在办理各项毕业手续、毕业派遣、签订劳动合同等具体内容上的服务，促进管理和服务的规范化、科学化和人性化。

三、特征差异分类管理

高校大学生由于先天的素质和后天所处的文化环境、家庭背景等的不同，在适应大学生活和自我发展的过程中，会形成特征典型的特殊群体，如图 7－3 所示。教育主体应根据不同学生群体的特征采取不同的应对策略，正确理解学生的差异，正视、关注学生的各种类型差异，实施有差异的分类管理，做到因材施教，从而促进学生有差异地发展。

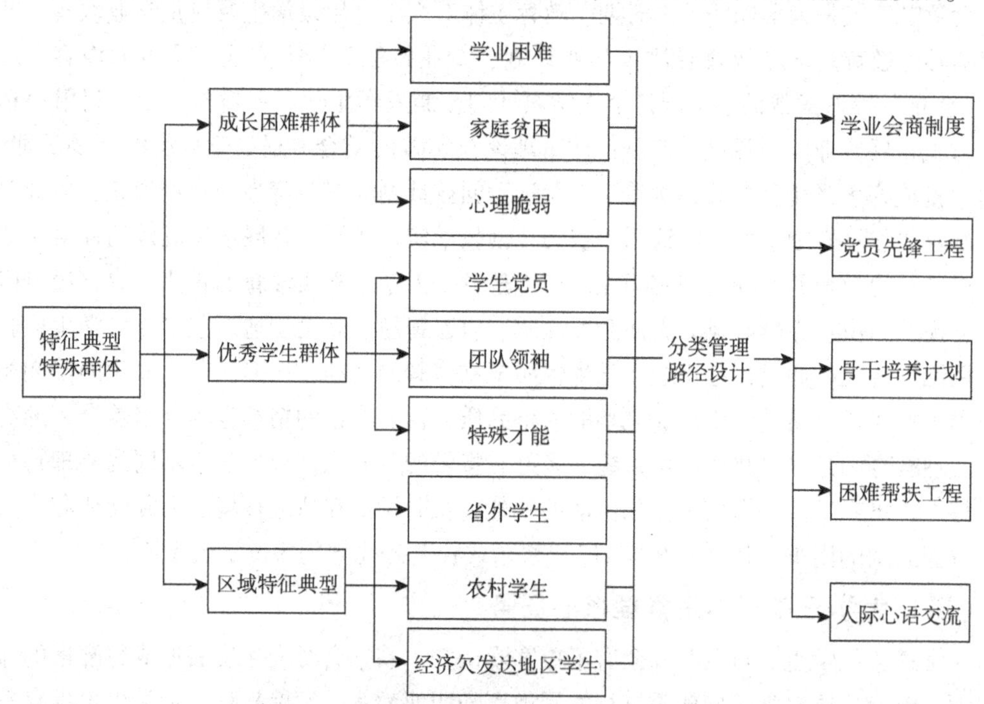

图 7－3　特征典型特殊群体分类管理路径设计

在“精致育人”模式下，特征差异分类管理是以多种形式和方法促进每个学生个性全面和谐发展，管理方法和手段具有个性化特点、内容形式多样。教育主体要充分考虑学生的个性特点和差异，尊重学生的意愿和兴趣爱好，做好特征典型特殊群体分类管理的路径设计，为每种类型的学生提供有效的学习机会，并为全体学生提供成才发展的机会。

对于优秀学生群体，要全方位、多角度提供平台，助力其成长成才。实践中，应注重学业“拔尖”教育，成立精英班，选拔优秀学生重点进行学术培养；要注重学生党员先锋模范工程引领，开展“叫响我是学生党员”的系列活动，加强学生党员德行修养；要注重大学生骨干培养，定期开展青年马克思主义者培养工程系列活动，全面提高学生干部各项能力与素养；要注重大学生个性培养，注重大学生兴趣开发，加强学生社团建设，培育与搭建大学生展示自我的平台。

对于区域特征典型群体，要了解他们的生活方式、风俗习惯、信仰禁忌等，因势利导，促使他们能够尽快的适应大学生活。实践中，要尊重他们平等主体地位，在制度设计上让省外学生、农村学生和经济欠发达地区学生能够平等、尽快地参与到学生活动和学习生活中，同时又能够充分尊重这些学生的风俗习惯、信仰禁忌；要注重融入教育，通过特色“班会”“团会”及专业教育和校史教育等形式，搭建学生深度了解、沟通的平台，让更多的学生施展自己、了解别人、融入集体。

学业困难、家庭贫困、心理脆弱、学籍异动、离群索居、人际障碍和性格偏执等成长困难群体，是教育主体要重点关注的对象。实践中，通过“朋辈教育”帮扶学业困难学生，通过“公益岗位”帮助家庭贫困学生，通过“心语交流”解决学生成长中适应性与发展性的问题，通过“成长档案”关注学生成长中的细节与点滴。针对不同类型群体的特点，采取积极有效的措施针对性地进行指导和引导，必要时应借助于专业人士与专业机构，因材施教，帮助他们树立正确价值观和人生观，快乐生活、快乐学习，圆满完成学业。

（一）学业会商制度

在我国大力推进高校教育改革的形势和背景下，各高校以“立德树人”为根本，不断改进创新教学的育人模式，促进高等教育事业的快速发展。但由于多重因素的作用影响，在高校中仍存在一部分学习贫困的大学生，他们有时表现出“学业不良”，有时表现出“萎靡不振”，在一定程度上影响大学生个体的成长成才，从而影响高校教育目标的实现。

1. 学业会商对象的界定

学业会商对象即学习贫困大学生的界定。学习贫困是一个相对性的概念，就其内涵来说是相对于特定的参照标准来说有所差距和欠缺，并随着时空条件的变化而改变。从总体上看，学习贫困有可能是按照国家的教育方针确定的标准来衡量而表现出不足。从局部看，可能是相对于特定学校、环境来说表现出欠缺。从实践中看，学习贫困又往往表现为特定受教育对象的实际情况与教育者主观愿望之间的差距和欠缺。因此，学习贫困可以理解为学习成绩尚达不到某种既定标准，是对某一时刻的成绩结果所做的事实判断，这个成绩结果是暂时的、可逆的、具体的，在一定情境下发生的，并与一定的教学目标相联系的，且它不涉及学生的道德和思想品德问题。

2. 学业会商对象的典型特点

在大学生涯中的各个学习阶段，贫困的大学生都会表现出一些共性和个性。

（1）感官和智力水平正常，但是学习动力、目的与成绩达不到理想要求。贫困大学生在感官和智力水平上都与其他大学生并无太大差异，以高考的成绩来看，有些贫困大学生在高中时期的学习成绩十分优异，在各项校园文化活动中体现较高的参与度和积极性，能够较好地融入集体环境，具有一定的大局意识和领导能力。但是贫困大学生仍然在专业学习的成绩上处于落后位置，且可能伴随着不思进取、自暴自弃的思想。究其原因主要在于：贫困大学生对所学专业不感兴趣，缺乏学习的动力与目标或者没有掌握良好的学习习惯与方法。

（2）面对挫折与困难时心理承受能力低，自我心理调节能力差。大学本科阶段的大学生在心理上、思想上、价值观上日趋成熟，但又尚未成熟。在这一个体发展的重要时期，环境因素对个体行为将产生巨大的作用和影响，导致大学生心理敏感性增强。贫困大学生会因为来自社会、家庭和个人的各种原因而产生无法承受的心理负担，也伴随心理情绪变化无常，往往缺乏自我调节、自我释放与自我恢复的能力。

3. 学业会商的对策与建议

（1）注重学风建设，完善教学管理。首先，完善日常管理制度。针对学生迟到、早退、逃课、不听课、不交作业等现象进行严格管理，并按照制定的相关规章制度进行处罚。从教师的角度来说，除了使用每节课点名这种强制的方法外，还要让学生发自内心地愿意来听课，因此教师要在讲课方面多下功夫，以吸引学生的注意力，激发学生的学习兴趣，调动学生的学习积极性，让学生由“要我学”主动转变为“我要学”，由“他律”逐渐转变为“自律”，形成学生自觉的学习习惯。其次，改革考试制度。评价是一项比较复杂的工作，要做到公平、公正、客观、可信。只有公平、公正的考风，才能调动学生的学习积极性。可采取如下方法：①改革考试内容，减少记忆知识和再现书本知识为主的考试内容，增加考评学生应用、创新知识和能够提高分析、解决问题能力方面的知识。②改革考试形式，实现考试形式的多样化，可以采用开卷、闭卷相结合的方法，也可以加入答辩与口试等考试形式，建立多元化的大学生评价体系。③引入竞争机制，推行“优胜劣汰”。坚决杜绝考试作弊和阅卷中的感情分、随意分等现象，真正拉开认真学习与蒙混过关的学生学习的成绩差距，对多次考试不及格的学生应该毫不留情地给予淘汰。最后，严把毕业质量关。高校扩招严重影响大学生的质量，主要原因就是生源质量的下降。过去的“严进宽出”已经变成了现在的“宽进宽出”。既然招生政策放宽入学的要求，那么就应该提高对毕业生的要求，实施“宽进严出”，一定严格把好大学生的毕业质量关。要有一定的“淘汰率”，对那些不学无术、贪玩厌学、蒙混过关的大学生，绝不能让他们轻而易举地拿到大学毕业证，用这种适当的压力来提高他们的学习动力，使他们不敢对学习有懈怠情绪。

（2）加强专业认同，提升专业学习兴趣。首先，加强专业学习环境建设。学校师资力量、培养目标、学习氛围直接影响到学生对所学专业的态度和学习行为及专业感受，从而影响到学生对专业的认同。要提高学生的专业认同，在学校方面需要从硬件和软件上双管齐下，加强专业设施建设，丰富专业学习资源，完善学生管理制度和专业学习评估制度，加强专业师资队伍建设，创造多样的专业学习和实践机会，形成良好的专业氛围，并为大学生的专业学习提供良好的条件。其次，加强职业指导教育和专业适应教育。专业学习的目的是就业服务，而就业前景自然会在很大程度上影响专业认同。但刚进大学的学生对于就业前景的认识是不深刻的。学校应该加强职业指导教育，科学合理地分析具体职业的发展前景。指导学生了解就业的政策和专业就业的灵活性，扩大对专业就业面的认知，对自身能力和素质、兴趣爱好进行测评，做到人和专业的匹配，以提高专业认同。

（3）开展学业帮扶，提高学习成绩和效果。首先，要对学习贫困生进行情感陶冶。要经常鼓励学习贫困生多读一些品德高尚的名人故事，多参观一些弘扬社会正能量的展览，向他们介绍本校历年来涌现出来的优秀人才，让他们的心灵受到熏陶。要对学习贫困生给予应有的信任、爱护、尊重，万万不可孤立他们，与他们产生隔阂。要在是非观、人生价值取向、集体观念、劳动观念上给予贫困生大学生帮助，让他们真正知道哪些事可做，哪些事不可做，让他们懂得凡事绝不能只顾自己而不顾别人，让他们在思想上形成大局、集体观念，改变自己的本位主义行为，自觉地融入集体，做一个助人为乐和对社会有用的人，从而真正得到众人的尊重和认可。其次，要帮助贫困大学生树立自信心。任何人都有长处，对于贫困大学生来说也一样，应该及时捕捉他们的闪光点，因势利导，让他们产生积极上进的情感，从而以点带面促使他们全面进步。应该坚持对贫困大学生进行全面分析，善于发现他们身上的每一处进步或长处，及时给予应有的肯定和鼓励。应该经常用他们的优点、闪光点来鼓励他们，真正让他们知道自己可以慢慢变好，并且尽可能地给他们提供施展才华和表现的机会，帮助他们逐步树立自尊心和自信心，真正达到健康发展的进步的目的。

（4）关爱学习贫困大学生，积极开展心理健康教育。首先，更新教育思想观念，改革传统的思维模式，营造一个适应大学生心理健康发展的社会环境。这是涉及大学生教育培养的全方位工作，需要家庭、学校和整个社会的共同努力。尤其是高等教育工作者，要真正意识到高等院校不仅是灌输科学知识的地方，更是培养身心健康、品德高尚、能力、适应社会主义现代化建设需求的复合型人才的地方。我们在努力提高教学科研水平的同时，也要对日益凸显的大学生心理健康问题予以充分的重视，共同努力，营造民主和谐、正直勤奋、客观公正、理性宽容、健康向上的社会环境和校园氛围。其次，切实重视思想品德教育，将世界观、人生观、价值观教育纳入高校德育建设体系。正确的世界观、健康的人生观和价值观是心理发展的目标，也是指导大学生正确认识学业问题的根本。当代大学生见多识广、思维敏捷、感悟力强，大学阶段是世界观、人生观、价值观形成的关键时期，怎样在传统文化和外来文化的碰撞中帮助他们树立正确的世界观、人生观和价值观显得尤为重要。要教育他们会用辩证唯物主义和历史唯物主义的观点看待社会上的光明与黑暗、美与丑、善与恶，正视理想与现实的关系，以健康的心态对待逆境与失败，正确对待个人的得失与荣辱。最后，加大心理健康教育力度，建立学校、院系、班级三级网络模式。学校教学部门要将心理健康课程贯穿整个大学学习的教学过程，应根据不同年级学生的心理特点，开设相应的选修课程。可建立学校、院系、班级三级网络模式，利用讲座、报告等形式宣传心理健康知识，开展咨询活动，动员学生广泛参与。还可利用三级网络模式筛选出重点个案，并建立相应的个人心理档案，跟踪治疗，将心理疾病控制在最小的范围内。

（二）党员先锋工程

大学生党员是高校学生群体中的先进分子，是高校学生群体中的带头人。在大学生中发展党员和建立党组织，是在新形势下关系党的事业和后继人才的大问题，随着“90后”“00后”大学生逐渐成为高校学生主体，“90后”“00后”学生党员的教育管理显得尤为重要，因此，建立党员先锋工程，将精致化理念引入高校学生党员管理中，并对于培养优秀杰出的学生党员具有重要的意义。

实施党员先锋工程，旨在引导学生党员时刻保持党员先进性，要求大学生在入党后“在思想上更先进，在学习上列前茅，在工作上做榜样，在生活中做模范”，要求党员在参加政治学习、搞好专业学习、注重品德修养、遵守校纪校规、投身学风建设、联系广大同学、承担社会工作、开展公益服务等方面发挥先锋模范的带头作用。

新形势下，《中国共产党发展党员工作细则》（以下简称《细则》）的发布为党员的发展和管理提出明确的要求，而高校学生的党建工作在学生党员的教育管理层面更是担负着重要的职责和使命。在精心、精致、精品、精益求精的精致化育人理念指引下，高校学生党建工作可以从跟踪培养管理精致化和基层党支部建设精致化这两个角度开展工作。

1. 跟踪培养管理精致化

以《细则》为指导，细化基层党组织发展流程，对“90后”“00后”大学生进行分层次培养和引导，在学生党员的组织发展和教育管理过程中建立跟踪培养的模式，并打造学生党员跟踪培养管理精致化。

（1）入党申请人的引领引导。坚持早引导、早选苗、早培养。在新生入学时，以爱党知党主题教育和党员先锋示范岗等品牌活动为契机，引导广大学生端正入党动机、坚定理想信念、提高理论素养，引导广大学生积极向党组织靠拢，在此基础上选拔优秀分子，进行重点教育和培养。

（2）入党积极分子的优选优育。在入党申请人提交申请书半年后，在优秀的入党申请人中确定入党积极分子，可采取党员推荐、群团组织推优等方式产生人选，由支部委员会（不设支部委员会的由支部大会）研究决定，并报上级党委备案。学生党支部将指定1～2名正式党员作入党积极分子的培养联系人，并对入党积极分子通过以下方式进行培育。

（3）发展对象的选拔培养。①发展对象培训班学习。发展对象培训时间不少于3天（或不少于24个学时）。培训时主要学习党章、《关于党内政治生活的若干准则》等文件。

中央组织部组织编写的《入党教材》作为学习辅导材料。未经培训的，除个别特殊情况外，不能发展入党。②增设对发展对象谈话。党支部委员会委员定期与发展对象进行谈话，加深对发展对象的了解，对于其在入党动机、对党的认识、对党的理论知识和实践活动的理解、在入党积极分子的考察与培养阶段的成长与进步情况等方面进行进一步的引导和考察。③对发展对象进行政治审查。在选拔培养的过程中，积极发挥培养联系人的作用，结合党小组对学生日常表现的情况，广纳群众意见，客观公正地进行评定选拔。支部应按照“条件明晰、档案详细、评议民主、程序严格”的原则，对每位学生都要严格地建立考核档案，在保证党员材料质量的同时，客观公正细致地考核学生在组织发展过程中的表现。

（4）预备党员的接收审查。支部委员会对发展对象进行严格审查，经集体讨论认为合格后，报具有审批权限的基层党委预审。基层党委对发展对象的条件、培养教育情况等进行审查。审查结果以书面形式通知党支部并向审查合格的发展对象发放《中国共产党入党志愿书》。学生党支部组织发展对象填写《中国共产党入党志愿书》，发展对象未来3个月内将离开学校的，一般不办理接收预备党员的手续。经基层党委预审合格的发展对象，由支部委员会提交支部大会讨论。党支部及时将支部大会决议写入《中国共产党入党志愿书》，连同本人入党申请书、政治审查材料、培养教育考察材料等，一并报上级党委审批。

（5）学生党员的后续教育。对学生党员的后续教育应当提出更高的要求，定期开展党员的民主评议，进行批评与自我批评，提醒学生党员应时刻查找不足，不断完善自我。建立党员先锋示范岗，督促学生党员始终以高标准严格要求自己，发挥先锋模范作用，促进学生党员将“三严三实”内化于心、外化于行。

2. 基层党支部建设精致化

以“四型”（即学习型、实践型、服务型、网络化）支部的模式为基础，促进基层党支部的精致化建设。

（1）加强理论学习研讨。定期开展以党史党情、大学生理想信念教育、习近平同志系列讲话精神等内容为主题的学习研讨，促进学生党员由理论认知到思想成熟、信念坚定。通过建立大学生理论宣讲团，打造红色书籍图书室等形式，促进学生党员和入党积极分子对理论知识的学习和汲取。

（2）深入社会实践锻炼。积极开展创新党日、共产党员工程、暑期社会实践等活动，充分发挥基层党组织的先进性、引导性，调动党员的思想积极性、行动积极性。

（3）始终树立服务宗旨。充分发挥党员的先锋模范作用，组建党员志愿服务队，到乡镇社区积极开展志愿服务活动，与地方共建服务基地。

（4）运用新媒体发挥学习宣传作用。紧跟时代发展步伐，将网络新媒体运用到党支部建设中，发挥微博、微信、微视频、微杂志等新媒体的积极作用，培养学生党员的互联网思维，开发利用网络平台进行党员教育的培养工作。

（三）骨干培养计划

1．培养方式

（1）理论学习。①教学目的：重点帮助培养对象加深对中国特色社会主义理论体系的理解，初步掌握马克思主义的立场、观点和方法；正确认识中国革命、建设和改革的历史以及基本国情，增强对当代各种社会思潮的辨析、甄别能力，进一步坚定跟党走中国特色社会主义道路的理想信念。②教学方法：举办辅导讲座，引导培养对象对马克思主义经典著作进行分类研读；邀请党政领导、专家学者就党的创新理论、重要战略思想、重大政策以及社会思潮、社会热点问题进行讲解；编发简明理论学习读本和资料。

（2）社会实践。①教学目的：重点引导培养对象了解基层、认识国情，增强历史使命感和社会责任感；密切与基层和群众的联系，培养对党、对人民的朴素感情，树立走与人民群众紧密结合的成长道路的意识；在艰苦的环境中磨炼意志品质、培养优良作风；增加社会阅历，培养、提高社会适应能力和综合素质。②教学方法：引导培养对象利用寒暑假社会实践的机会组织他们到有代表性的地区开展考察；开展各类志愿服务活动；组织培养对象对经济社会发展的重要问题开展调查研究，并形成调研成果。

（3）政治教育。①教学目的：重点帮助培养对象了解中国共产党领导革命取得成功的历史必然性，使他们能够从中国革命的内在逻辑出发并由衷认同中国共产党的领导地位；增强对革命传统精神的理解，实现爱国主义精神的升华；增强“先锋”意识，坚定在党的领导下建设中国特色社会主义的信念。②教学方法：组织培养对象实地参观爱国主义教育基地、革命遗址等，观看反映革命战争年代和新中国建设时期的影片，寻访历史见证人；参与祭奠革命先烈、唱革命歌曲、重温入党誓词等活动；观看反映优秀共产党员事迹的影像资料、专题展览，可邀请先进典型做事迹报告。

（4）素质拓展。①教学目的：重点帮助培养对象提高以社会化能力为核心的组织能力、协调能力、沟通能力、分析判断能力等综合素质；学习掌握适应现代社会和未来发展需要的实用知识和技能。②教学方法：开设专门的培训课程，组织培养对象参加各种专业化的能力训练、素质拓展，开展相应的活动进行情景模拟体验。

（5）交流研讨。①教学目的：重点帮助培养对象在加强自学的基础上认真思考社会现实问题，运用所学理论探讨解决问题的思路与对策；激发主动探索的精神，培养批判性思维，锻炼表达能力；实现“教学相长”“学学相长”，多方交流、共同提高。②教学方法：组织培养对象按班、小组对课堂教学内容进行讨论、质询，就一些重大理论和现实问题进行专题研讨和辩论，就学习、实践、出访中的收获和体会进行交流。与其他院系、各高校开展主题“大学生骨干论坛”等。

2．课程设置和教学管理

大学生骨干培养中心应按照培养宗旨和原则，科学、专业、系统地设置培养课程，并通过建立一定的制度进行严格的教学和教务管理。

课程主要分为：基础课程和实践课程，并做出相关制度安排（见表7－1）。

表7－1　基础课程和实践课程安排

课程名称	相关要求	学分
在线学习	依托专有网络平台对推荐文章、专家讲座、案例分析等进行学习，并参与网上专题讨论	10
经典阅读	学员需要按照学校提供的自学书籍清单，至少选择阅读6本书籍，提交2篇读书心得	20
社会观察	学员利用小学期或暑期社会实践机会了解国情、省情、地情，至少撰写1篇社会观察报告	20
课题研究	学员需要单独或联合完成1项理论或社会实践类课题研究，提交1篇论文	20
志愿服务	利用节假日、课余时间开展各类志愿服务	每5小时折算1学分，最高10学分
活动实施	在所在高校参与组织一次学生活动，提交活动总结或案例分析	20

3. 组织管理

（1）管理机构。商学院大学生骨干中心设主任1名，由学院老师担任；设部长7名，由本中心优秀干部担任。办公室设在学院思想政治办公室，具体负责日常教学和管理工作。

（2）班级管理。商学院大学生骨干中心建立学员管理制度，采取部长管理和学员自主管理相结合的方式。部长由公开竞聘产生，重点考虑应有较高的素质、丰富的管理经验、清晰的培训思路、较强的事业心和责任感的人员，主要职责是制订详尽的带班计划，做好组织、协调、服务和沟通工作。设立班委会并根据人数划分若干小组，负责人由学员选举产生，真正实现自我管理、自我约束。

（3）学籍管理。商学院大学生骨干中心为每位学员建立学籍，从所学课程、参与情况、学习成绩、讨论交流发言情况、作业完成情况等方面，客观记录学员在各个培养阶段和环节的表现及成绩。结业前，通过组织学员自评、小组鉴定、征求班委会意见等环节，形成学员综合鉴定。

4. 教学管理

（1）学员招收。商学院大学生骨干中心学员为学院学生会、分团委部员，副部长以上级学生干部、党支部成员、班级班长支书等班委。

（2）培养周期。大学生骨干培养学制一般为两学期，周期从每年9月至次年7月。学员毕业后，进入跟踪培养期。

（3）课程设置。大学生骨干中心培养课程分基础课、实践课两种，按照理论学习、社会实践、社会观察、政治教育、能力训练、交流讨论六大模块设计，采取集中学习和分散学习两种方式。集中学习阶段均为基础课；分散学习阶段为选修实践课，参照学分制动态管理。

（4）过程控制。学员需要通过在线提交相关资料的方式，实时记录和反映自己在集中学习和分散学习阶段的学习情况、作业完成情况和相关收获。

（5）考核评价。考核成绩是否合格主要依据两个指标：①课程（活动）的出勤率；②本课程要求的作业是否完成。学员结业时中心将出具考评报告，按照学分排名送至所在学院并纳入学生个人档案。对不能及时参加集中培训活动、表现不积极、考核评价不合格的学员进行淘汰；对结业成绩优异学员给予综合评定学分和加分奖励。

（6）跟踪培养。学员结业后，大学生骨干培养将设定大约一年的跟踪培养期。跟踪期间将向学员开放各类学习平台，建立学员跟踪信息库，定期分区域开展沟通交流活动，为结业学员继续学习和交流联系提供帮助，对表现突出的学员力争在其职业发展过程中给予组织化推荐。

（四）困难帮扶工程

家庭经济困难学生是我国高校普遍存在的特殊群体。如何做好这部分群体的困难帮扶工作已经成为高校思想政治教育的重要课题。思想政治教育“精致育人”模式进一步明确困难帮扶工程是一项复杂的系统工程，要体现出原则上的明确，程序上的规范，内容上的公平。

1. 贫困生台账准入机制

贫困生台账准入机制就是贫困生入库前应严格筛查程序。贫困生档案是开展贫困生帮扶工作的重要依据，入库前，必须公平、公正、合理地对申请入库的学生资格进行严格的审核。

（1）认定范围。本校在籍本科生（含第二学士学位的学生），且学生本人及其家庭所能筹集到的资金，难以支付其在校学习期间的学习和生活基本费用的学生。

（2）认定原则。家庭经济困难学生认定工作坚持实事求是，由学生本人提出申请，家庭所在地乡、镇或街道民政部门出具证明，实行民主评议和学院考核评定相结合的原则。家庭经济困难学生认定工作必须严格工作制度，规范工作程序，做到公开、公平、公正。

（3）认定机构。学院成立以分管思想政治的学院领导为组长、学生辅导员担任成员的认定工作组，负责学院认定的具体组织和审核工作。学院以年级为单位，成立以学生辅导员任组长，班主任、学生代表担任成员的认定评议小组，负责认定的民主评议工作。认定评议小组成员中，学生代表人数视年级人数合理配置，应具有广泛的代表性，一般不少于年级总人数的10%。认定评议小组成立后，其成员名单应在本年级范围内公示。

（4）认定标准。学院根据学生家庭收入情况，参照高校所在地城市居民最低生活保障标准，确定本院家庭经济困难学生的认定标准。认定标准设置为普通困难和特殊困难。

2. 困难生资格认定

学院严格遵守家庭经济困难学生认定工作要求，学院认定工作组、年级认定评议小组，按照各自的职能分工，认真、负责地共同完成认定工作。

（1）学生申报：学生需要提交《高等学校学生及家庭情况调查表》或其他同等效力的证明材料和《高等学校家庭经济困难学生认定申请表》。学院各年级认定评议小组按照家庭经济困难学生的认定标准，结合城市居民最低生活保障标准，学生日常消费水平，以及影响家庭经济情况的原因，对申报学生进行认定，确定本年级（或者专业、班级）的家庭经济困难学生资格，报学院认定工作组进行审核，并将学生提交的认定材料存档。

（2）学院审核：学院认定工作组认真审核各年级认定评议小组申报的初步认定结果，确定家庭经济困难学生名单，并以适当方式在学院范围内公示 5 个工作日，教师和学生如有异议，可通过有效方式向本院认定工作组提出质疑。认定工作组在接到异议材料后的 3 个工作日内予以答复。如果对学院认定工作组的答复仍有异议，可通过有效方式向思想政治处助学管理科申请复议。学生处助学管理科应当在接到复议申请的 3 个工作日内予以答复。如情况属实，应当做出调整。

（3）学院审核：经学院审核无异议后，填写《家庭经济困难学生学院认定统计结果报告单》。学工网完成学生申请和学院审批后，由思想政治处通过学工管理系统网站对学院审批通过的家庭经济困难学生名单进行审核，并形成家庭经济困难学生名单，同时在网站公示 5 个工作日。无异议后形成家庭经济困难学生电子档案。贫困生档案将作为资助工作的重要依据，无故不得修改。

3. 助学金评选程序

基本申请条件如下。

（1）热爱社会主义祖国，拥护中国共产党的领导，政治立场坚定，思想进步，道德品质优良。

（2）自觉遵守宪法和法律，遵守学校各项规章制度，无违纪行为。

（3）尊敬师长，团结同学，关心集体，诚实守信，有良好的社会主义道德风尚。

（4）勤奋学习，积极上进。

（5）家庭经济困难，生活俭朴。

对申请同学的基本条件审查后，按照助学金的具体要求，严格审查申请同学的成绩、排名、挂科数量、生源地、专业等情况。

4. 申请与评审

（1）个人申请。申请奖助学金学生应先按照通知要求提交申请材料。

（2）初评。院系辅导员按照评选通知要求，严格审核学生申报资格以及相关材料的真实性，在组织学生进行民主评议和班级推荐的基础上，从思想品德、学习成绩、家庭经济情况等方面进行全面审核。

（3）奖（助）学金评审小组评议。学院奖（助）学金评审小组评议召开专项评议会议对符合条件的申请同学报送的材料进行严格仔细的评比。

（4）按照要求在全院范围内公示。

（5）公示无异议，确定获奖学生名单。

(6) 报送上一级单位。

5. 发放、管理与监督

对奖（助）学金获得者的资金使用情况进行管理与监督，为确保助学金的合理使用。在发放奖（助）学金时，应通知获得者及时查询自己的账户，以确认资助金是否到账；提示奖（助）学金获得者合理使用奖（助）学金，避免铺张浪费。

（五）人际心语交流

大学生正处在生理和心理的转型期，传统的粗放式的管理和非个性化教育必然会给学生的心理带来很大程度的影响。思想政治教育“精致育人”模式中“人际心语交流”是指教育主体应遵循学生心理发展规律和特点，通过与学生的接触和沟通，营造出一个适合于学生健康成长的心理氛围或心理环境，促使学生形成良好的心理品质，促进学生健康成长，引导学生树立正确的世界观、人生观和价值观。

1. 情绪管理

情绪管理指的是学生用正确的方式方法，探索自己的情绪，调整自己的情绪，理解自己的情绪，放松自己的情绪。思想政治教育“精致育人”模式要求教育主体要注重学生情绪管理。①注重校园文化建设。如多组织校园文娱活动，活跃和丰富学生在校期间课堂外的生活。因为遇到不良情绪时，最简单的办法就是“宣泄”，体育活动、歌唱活动、劳动等方式都为学员提供适度释放情绪的渠道。对此，学校可以举办篮球、羽毛球、乒乓球等多种类体育比赛；可以组建合唱团、舞蹈团、小乐队、语言俱乐部，举办丰富多彩的文艺类活动；可以开展系列素质拓展训练活动，丰富学生课余文化生活，为学生提供自我展示平台，还能提高学生组织能力、应变能力等。②特色谈心谈话形式。教育主体可以开展“相约下午茶”“青柠论坛”“头脑风暴训练营”“微信秒杀”等深度访谈活动，建立信任基础，增进师生交流，鼓励学生倾诉，表达自己想法，促进学生保持良好心情、乐观情绪和充足自信。③普及心理健康知识。情绪的调适方法有很多，而学生由于视野和知识背景的局限性，想问题时容易走极端，陷入到不良情绪中。教育主体有意识地普及一些心理健康知识，如分发图文并茂的宣传手册及微信平台宣传等，以帮助学生掌握更多自我调适方法。

2. 压力管理

压力管理即对个体面对的压力进行管理。学生的压力强度和学习效率有着密切联系。学生感受的压力太小，便对学习保持漠然态度，使学习动力降低，导致学习效率自然不会高。然而当压力过大时，个体处于高度的紧张状态，其注意和知觉的范围变得过于狭窄，反而限制正常的活动，从而使学习效率降低。教育主体应适时开展活动帮助学生释放压力、调节心情。可以开展“轰趴之夜”活动，活动可采用晚会的方式，安排歌舞表演与素质拓展活动，使学生们在轻松的环境下增进同学间的情感，缓解紧张的学习压力；也可以开展“心语·放飞青春”活动，活动以放飞梦想气球的方式放飞自己的小愿望、小秘密与小烦恼，这是学生们思想与情感的一种寄托，对学生们敞开心扉面对自己、释放压力、调节心情有一定的积极作用。

3. 挫折管理

挫折管理指的是学生个体遭受挫折后，为了摆脱心理烦恼，减轻或消除内心的冲动与不安，采取的一些行为方式。现在，学生生活和学习环境得到很大的改善，使得他们的抗挫能力普遍下降。在思想政治教育过程中，教育主体应设法减少或消除造成学生心理挫折的内外在原因。一方面培养学生在挫折面前建立积极的自我防卫模式。包括升华，即将学生不被社会接纳允许的动机和行为，导向比较崇高的地方，使之符合社会规范；补偿，即鼓励学生积极发挥自身优势，从而使学生某些方面缺陷造成的心理自卑感得到替代性的满足；降低目标，如果学生定的目标过高，超过了自身实力，可以帮助学生适当调整目标，增加其成功的机会，慢慢积累学生的自我效能感。另一方面掌握批评的艺术。针对学生性格特征的多样性，采用同病异治的方法，不能一律强求。以对违纪的学生进行批评教育来说，对性格开朗的，可采用直接批评，明确讲清违纪性质、危害及改正的方法；对接受能力强、反应敏捷的，采用暗示性批评，这样既一点就通又顾全他们的面子；对自卑感严重的，可采用对比批评，把批评与表扬结合起来等方式。真正做到具体问题具体分析。同时，教育主体也可以通过传统的“九宫格”破冰项目、经典的“向阳花开”人椅项目以及“解手环”等一系列素质拓展训练项目为学生们提供困难与挑战，训练学生面对困难与挫折时，能够团结一心、迎难而上、共同解决困难与挫折，并提高学生的抗挫折能力。

4. 人际关系管理

人际关系是人与人之间心理上的关系。学校教育应当重视提高学生人际的沟通能力，如何积极倾听，如何有效表达，这些能力的培养在师生沟通、集体活动的引导中均可以渗入。群体间和谐的人际氛围是人们都期待的，但群体间的人际冲突又是经常会遇到的。科学的人际关系管理要求教学管理者建设性地处理好学生之间的冲突，搭建学生之间良好关系的桥梁。

第四节　扁平化组织项目管理和兴趣朋辈型自我管理

一、思想政治教育项目化管理

（一）项目化管理理论基础

美国项目管理学会把项目的概念归纳为：将人力资源和非人力资源结合成一个短期组织以达到一个特殊目的。项目是作为管理对象，在一定约束条件下完成的，具有明确目标的一次性任务。美国项目管理认证委员会主席格雷斯曾断言：“21 世纪的社会，一切都是项目，一切也必将成为项目”。也就是“在项目活动中运用专门的知识、技能、工具和方法，使项目能够实现或超越项目干系人的需要和期望”。

美国项目管理学会同时认为“项目化管理作为一种新的管理模式，是指以项目为管理对象，在既定的约束条件下，为最优实现项目目标，根据项目的内在规律，对项目寿命周期全过程进行有效的计划、组织、指挥、控制和协调的系统管理活动”。项目管理以实现项目目标为宗旨，为了保证项目目标的实现，需要将项目目标作为项目管理的总目标，然后将总目标分解为项目各阶段的分目标，再把分目标分解为每一阶段各项工作的子目标，通过子目标、分目标的实现，以保证项目管理总目标的实现。

（二）项目化管理基本功能

项目化管理主要有如下几个方面的职能。①计划职能：即把项目寿命周期全过程的全部目标和活动全部纳入计划轨道，用一个动态的计划系统来统筹安排整个项目，以便项目协调有序地达到预期目标。②组织职能：首先要建立一个有效的项目组织机构，配备项目所需的各类人员，通过职责划分、授权等方式进行高效的组织运转，以确保项目目标的实现。③指挥职能：通过已建立的项目组织机构，逐级下达指令，保证项目管理层。作业层的各层次人员按既定计划从事各项项目活动。④控制职能：项目控制是指对项目实施情况进行监督、检查、考核和调整，项目控制的目的是及时发现问题和解决问题，以保证项目按计划实施，并实现项目目标。

（三）思想政治教育项目化管理概述

将应用于经济领域的项目管理理念引入高校思想政治教育中，是新时代背景下思想政治教育的融合性创新。思想政治教育项目化管理是指把高校思想政治教育的每项工作分解成若干个项目，并按照项目管理的模式建立管理体系、配置项目资源、落实项目的目标责任、建立项目考评机制，用项目管理的基本思路和基本方法来做好思想政治教育相关工作的办法。在项目落实上需要确定具体的目标任务、工作内容、工作标准、工作要求以及进度、费用、质量，并以此为基本因素加以考评。

思想政治教育工作者可用日常工作教育引导活动，并以项目的形式呈现在工作中。同时项目的酝酿、产生、评估、反馈过程也是学生教育工作者自身不断提高职业技能和职业能力的重要过程。一旦项目确立，实行扁平化管理，提高项目推进效率，对新时代背景下思想政治教育引导方式方法创新与开辟工作新思路具有重要意义。

（1）创新了学生教育工作者的工作机制和方法。以项目的方式整合优势资源，充分发挥个人主观能动性，深入调查学生的所思、所想，形成自下而上反馈实施，自上而下指导落实的科学工作机制。

（2）丰富帮助学生成长成才的新渠道。项目本身来源于实践，并接受实践的检验，是学生自我管理，辅导员积极引导，并共同提炼的结果，尊重个性化和差异化发展的重要工作方式，因此，更利于帮助学生成长成才，增强自身内驱力。

（3）搭建学生教育工作者工作交流的新载体。以精品项目的方式给学生教育工作者提供交流的新载体，打破传统工作梳理方式，促进日常管理工作的形式创新，化整为零，更利于系统性呈现，方便相互交流学习。

二、高校学生组织扁平化管理

（一）扁平化管理组织结构的优点

“扁平”概念来自管理学理论中两种基本管理组织结构形态之一的扁平结构形态，扁平结构是指组织规模已定、管理幅度较大、管理层次较少的一种组织结构形态。“扁平化”管理是相对于“等级式”管理构架的一种管理模式。它较好地解决等级式管理的层次重叠、冗员多、组织机构运转效率低下等弊端，加快信息流的速率，提高决策的效率。

由于层次少，信息的传递速度快，从而可以使校领导尽快地发现信息反映的问题，并及时采取相应的纠偏措施；同时信息传递经过的层次少，在传递过程中失真的可能性也较小。较大的管理幅度，使管理者对被管理者不可能控制得过死，有利于被管理者主动性和首创精神的发挥。由于这种结构是根据项目组织的，任务清楚，目的明确，各方面有专长的人都是有备而来。因此在新的工作小组里，能沟通、融合，把自己的工作同整体工作联系在一起，为攻克难关、解决问题而献计献策，有信任感，增加责任感，激发工作热情，促进项目的实现；它还加强不同部门之间的配合和信息交流，克服直线职能结构中各部门互相脱节的现象；加强横向联系，使专业人员得到充分的利用。

扁平化管理模式以分权管理为主、集权管理为辅，各基层组织之间相互独立，尽量减少决策在时间和空间上的延迟过程，这将提高决策民主化和决策的效率。扁平化管理在高校教育系统也逐渐得到认同和推广。扁平化管理模式缩减决策者（教育主体）与操作者（教育客体）之间的管理层级和交流空间。

（二）扁平化管理在高效思想政治教育中的运用

学生活动作为高校学生最活跃的阵地，也是思想政治教育的重要方式和途径，对培养学生的综合能力有着至关重要的作用，社会上很多管理者、职场精英等人才都是经过学生活动的千锤百炼最终脱颖而出的，因此学生活动的质量直接影响到对社会人才的培养。在学生活动中实行扁平化管理，力争最大限度地激发学生活动参与的主体意识，调动学生干部的积极性，让工作由被动转为主动参与，是实现思想政治教育目的的一个重要环节。

1. 减少组织层次，注重团队合作

扁平化管理与金字塔式管理的不同之处首先表现在外形扁平，组织层次少，管理幅度大。由此特点，可将学生组织规划为分团委、学生会、中心或委员会等形式。同时，为实现思想政治科学化、规范化提供可能，随着政策性、程序性、专业性较强的学生事务（如创业就业、大学生公益、素质拓展、骨干精神等）进入学生活动及教育视野，可以在各部门与各中心委员会各司其职，并在相互配合下，为学生提供更大的自主性。

2. 合理授权，民主讨论

扁平化管理实际上是权力中心的下移，只有将一定的决策权授予下属机构和下属成员，才能真正做到减少管理层次，真正实现扁平化。在思想政治中开展扁平化的管理模式，力争更好地营造民主氛围。思想政治围绕具体的活动展开，使每个部门有明确的分工，让每个部门的成员都能提出自己独特的见解，平等交流，在无形当中提升学生的责任感和归属感。当自己的建议得到采纳和支持时，更能激发学生参与活动的热情。

3. 提高素质，加强监督

扁平化管理幅度宽、层次少，团队合作强都显示学生干部在学生活动扁平化管理当中的重要地位，学生干部的素质直接影响扁平化管理在学生活动中发挥的作用，所以，对学生干部综合素质能力的培养在这种体制下显得尤为突出。领导层在活动的策划和实施中加强监督，统筹好大局，在观念、心态上和学生干部达成一致，鼓励和支持创新想法，以实现个人和集体的价值。

（三）扁平化管理对学生的素质要求

扁平化的管理模式，并不是靠简单地撤并机构就可以完成的，由于扁平化的内涵是减少管理层次、扩大管理幅度，因此一定要实行竞争上岗，保证关键岗位的人员素质。不论是管理者还是被管理者，当素质达不到要求时，扁平化管理的效果将大打折扣。扁平化管理要求有高素质、高能力的学生群体在各种变化的团队中高效工作，并形成一个人才资源的有效聚合。选拔那些对思想政治忠诚、有工作责任心、有执行力和管理能力以及团队协作精神的人进入有限的决策和管理岗位，并对他们充分授权。这时，面对越来越高的岗位工作能力的要求，每名学生干部都不会认为“学习、学习、再学习”的要求过时和老套，而“终身学习”“在工作中学习和在学习中工作”也会成为学生干部和学生会组织的共同要求。另外，在制度和流程框架下对学生充分信任非常重要，平等、信任、互助的组织文化氛围，也是扁平化管理的追求，在这样的氛围中组建跨部门团队、特殊任务团队时，队员之间就会缩短磨合时间，迅速整合并具有很强的应变力和聚合力。

三、兴趣小组优化朋辈型群体

高校大学生为了满足自身的有效需求，积极参加各类校园文化活动。在活动过程中，那些兴趣、爱好、需求相同的不同年龄段个体聚集在一起，慢慢地自发形成了朋辈型群体。

传统的朋辈型群体没有明确的章程，也没有明确的权利和义务分配，成员之间的相互关系带有明显的感情色彩，群体内的活动目的一般是满足其成员的某些社会需求。

（一）传统型朋辈群体弊端

朋辈型群体在思想政治教育自我管理中发挥巨大作用的同时，也存在一些弊端。

1. 成员流动随意性强

从传统型朋辈群体的人员组成来看，每年新生入校时各类群体都开始如火如荼地开展纳新活动，新入学的学生积极性比较高，出现热闹非凡、人满为患的景象，但是随着时间的推移，由于组织不力、角色意识不强、领导不力等原因，成员兴趣递减，积极分子所剩无几，以致许多朋辈型群体最终发展成为几个积极分子的群体。频繁的人员流动不利于朋辈型群体良性地发展及其活动计划，群体内的主题思想不能保持连续，更谈不上积累、沉淀优秀的群体文化。因此，这些朋辈群体无法在学生自我管理意识和能力形成的过程中发挥有效的作用。

2. 群体内活动内容单一

从传统型朋辈群体内的活动内容来看，多数活动以娱乐性、消费性为主，具有专业性的活动开展较少。专业性活动开展难度较大，活动的吸引力较娱乐性活动、消费性活动小，所以，群体成员参与面较窄。娱乐性、消费性活动虽然在一定程度上丰富大学生的课余文化生活，满足大学生的愉悦要求，但是对大学生学业学习、日常生活、人际关系等需求的满足甚少。因此，这些朋辈群体对大学生成才成长发挥的作用有限。

3. 缺乏必要的规则意识

在传统的朋辈群体发展中，成员之间的相互关系带有明显的感情色彩，其内部一般不具备完备的组织架构与相应管理职能，朋辈管理意识、服务意识不强，鲜有成文制度，活动开展效率低下，难以凝聚人心，缺乏激励机制及奖惩制度，成员在群体内很少获得成就感与归属感。因此，这些朋辈群体开展活动缺少必要的制度保障。

（二）兴趣型朋辈群体组建

1. 兴趣小组组建

要使兴趣型朋辈群体在高校思想政治教育过程中发挥积极作用，如何规范组建兴趣小组是教育主体首先要考虑的问题。兴趣小组对不同年级大学生的吸引力是不同的。大学一年级学生刚进入大学，对大学的各种活动都比较好奇，因此他们的积极性普遍较高。大学二年级的学生经过一年的大学生活，对参加很多活动存在一定的惰性心理。大学三年级的学生大部分要走出校门去实习，或者准备考研。因此，兴趣小组的成员主要由大学一年级和二年级的学生组成，负责人主要由大学三年级和四年级的学生来担任。在各个兴趣小组招纳新人之前，要充分利用各种平台做好宣传。在确定人选时，可以采取个人自荐和教师考核相结合的选拔方法。对于一些对参加兴趣小组不感兴趣的学生，教育主体应通过沟通，以激发其兴趣，将其吸收进入兴趣小组。在选拔时，要坚持“有兴趣即吸纳”的原则，满足所有同学的需求，帮助学生找到兴趣点，激发其内心驱动力，促进其内化自主地践行社会主义核心价值观。

2. 兴趣小组准入

兴趣小组准入是指兴趣小组的审核与监管工作。兴趣小组的组建是以大学生的兴趣、爱好等有效需求为基础。兴趣小组内部必须要有组建理念、组织机构、责任分工、组织章程、规章制度、文化建设、精品活动，成员台账等相关要素，经审查合格后，可以招收感兴趣的在校大学生入组。审查合格的兴趣小组，教育主体应举行专门的授旗仪式，兴趣小组第一任负责人应签下自己的名字，以后历任负责人接续，以此承诺责任，彰显历史。兴趣小组的日常活动接受主管部门监管。

3．兴趣小组类别

在日常思想政治教育工作的实践中，应根据学生的切身需求及发展特点，可以将兴趣小组划分为以下四类：思想类、学业类、体育类、文化类。①思想类兴趣小组：立足时代与青年视角，充分给予大学生思想碰撞及交流的机会，搭建交流与学习的平台，在小组成员与成员的互相交流中，开阔青年学生视野，并引导学生走出校门，走进时事，逐步树立起学生与时俱进的人生观、世界观、价值观，以创新的形式满足青年学生的思想交流需求。②学业类兴趣小组：以专业所学为依托，以各项常设赛事为契机，形成平台以供学生交流经验，分享学习成果。满足学生的竞赛需求，激励学生主动求知。同时在分享与实践中加深成员之间的凝聚力，在提升自身专业学习能力的同时，收获实践经验、知行合一。③体育类兴趣小组：体育活动作为大学校园文化不可或缺的重要组成部分，在凝聚力量，化人育人方面扮演着重要的角色。青年大学生在体育运动中体验生命与青春的激情，获得归属感、成就感、存在感。通过兴趣小组将同为体育人的学生凝结在一起，在交流中碰撞火花，在比赛中收获友谊，以体育文化引领每名成员取得积极向上的精神风貌。④文艺类兴趣小组：文艺活动在校园文化中具备涵养性情，陶冶情操的作用，在各式各样的文艺活动中，学生的情感、技能、爱好得到充分的展现，以兴趣小组的形式鼓励学生参加各类文艺活动，展示当代大学生的艺术素养，更能激起学生的热情与主人翁意识。

（三）兴趣型朋辈群体优化

人的兴趣都是以需要为前提和基础的。兴趣作为需求的延伸便表现为高层次需求的满足。在高校学生管理中，大学生在学习中更倾向于拓展自己的兴趣，发挥所长，在学习的同时实现自我价值、个人成就感、受重视等目标。兴趣是人的一种内在动力，驱使人们自觉地连续地进行某种活动。在这种情况下，一旦兴趣与大学生的未来发展联系起来，将大大促进其发展或成功，成为快乐与幸福的源泉。

兴趣是爱好的基础，当进一步发展成为从事实际活动的需求时，兴趣就演变为爱好。人的爱好比兴趣更具持久性，体现为积极地从事实践活动。兴趣这一内在动机促使学生进行与兴趣相关联的创新性尝试，这种尝试的不断进行会促使兴趣转变为爱好，并使他们各得其所，各尽所能，在各自的领域真正处于主导地位。

以兴趣作为根本要素凝结朋辈群体是解决群体内部凝聚力问题的有效方法。加之兴趣小组的准入机制，优化了传统型朋辈群体流动频繁，内容单一，规则意识弱等问题。思想政治教育“精致育人”模式以人才培养目标为出发点，创新提出通过兴趣小组的组建，构筑兴趣朋辈型的自我管理新模式。

兴趣朋辈型群体的显著特征是自我管理与自我服务。兴趣朋辈型自我管理产生于新时代特定背景下，是以兴趣爱好为基础，以青年大学生为主体，群体内活动的终极目标就在于创造一种氛围，激发成员学习与创造的热情，培养独立自主的思考能力，帮助成员树立正确的人生观、世界观和价值观。

四、兴趣朋辈型自我管理机制

兴趣朋辈型群体成员来自大学四个年级的学生，实施的是朋辈型自我管理机制。为了确保这种自我管理机制在校园内有效运行，兴趣朋辈型群体需要具备如下条件。

（1）要有组织章程。章程是兴趣朋辈型群体在校园内开展活动的依据与保证。内容包括活动宗旨、活动内容、活动场所、成员管理、经费管理、组织文化等方面。章程需要经教育主体审核通过后，方可启动。在兴趣朋辈型自我管理运行中，章程居于最核心、最高位置，任何超过章程的活动与行为，都会受到教育主体的干预。

（2）要有组织机构。兴趣朋辈型群体应视其规模及涉及领域建立内部组织架构。一般来讲设有组长1名，副组长2～3名，组员若干。兴趣朋辈型群体在章程引领下和教师指导下实施组长负责制。

（3）要有职责分工。组长由三、四年级学生担任，主要负责把握小组整体的活动方向，制订各项内部章程及计划，协调小组内部、小组与外界各方之间的关系。副组长由二、三年级学生担任，一方面要协助组长进行小组内部事项的管理、小组资金及公共财产如组旗、组徽、服饰、设备等物资的管理，小组活动签到制度等成员内部考核制度的落实；另一方面要协助组长形成高级技术团队，在所在小组涉及的领域组织组员积极研讨，创新方法，在小组中的技术技能方面起到带头作用，并在日常活动中潜移默化地影响组员。组员在朋辈的引领下，在小组中汲取营养和力量，真正满足其个性化的有效需求。

（4）要有指导教师。每个兴趣朋辈型群体要有一至多名指导教师。指导教师的主要职责：对组织内部开展的活动做好政治把关工作；对组织内部成员参加活动进行业务指导；对组织内部开展的活动做好日常协调工作；对组织内部开展的自我管理活动进行监管等。

五、兴趣朋辈型自我管理内容

以兴趣小组为依托，推进朋辈型自我管理，是推进思想政治教育“精致育人”模式的重要内容。根据兴趣小组自上而下、自下而上、成员之间的内部组成特点，兴趣朋辈型自我管理主要有思想引领、学业指导、情感交流、文化熏陶四个方面内容。

（一）思想引领

思想引领主要是引导学生树立正确的世界观、人生观和价值观，培养学生独立思考能力与明辨是非能力，加强学生的政治素养和理论素养，通过大学生党员、积极分子、共青团员多层次、多方面的交流和沟通，使得朋辈之间自觉形成讨论氛围，以使学生思想认识不断成熟发展。

（二）学业指导

学业指导主要是通过对自身专业的不断研习和各项比赛的积极参与，朋辈之间形成的竞赛精神、钻研精神、团结精神在兴趣小组中刮起一阵勤学善思之风。通过高年级对低年级同学在专业上的辅导，有助于低年级组员更为客观全面地认识所学专业，树立正确的专业观，激发其学习的兴趣，从而使其在学习中更具备主动性和创造性。

（三）情感交流

情感交流主要是指不同学子以兴趣凝结，在交流过程中自然减少很多摩擦和阻碍，更能促使志趣相投的学生找到知音。促进朋辈之间的情感交流与心灵对话，让朋辈在心理疏导、情感宣泄等方面以同辈人的姿态，更好地服务低年级学生，在这种新老交流的良性互动中，使学生的情感找到归属，以情感凝结伙伴，不仅能够为低年级学生消除环境变化的焦虑与不安，更能为高年级学生的生活注入活力与激情。

（四）文化熏陶

文化熏陶贯穿于兴趣小组朋辈互动的各个环节。兴趣小组中自上而下的规则引领是一种制度文化；小组内部成员之间良性的互动体现出一种和谐文化；在赛事面前团结拼搏、永不服输、互帮互助、尊重比赛、尊重对手，更是小组成员对体育精神的诠释。

第五节 精致模块式以文化人

一、“以文化人”的时代意义

习近平总书记在全国高校思想政治工作会议上强调：“要更加注重以文化人、以文育人，广泛开展文明校园创建，开展形式多样、健康向上、格调高雅的校园文化活动，广泛开展各类社会实践”。思想政治教育以文化人具有重要的时代意义。

（一）文以化人、文以载道，精致文化的提出源于文化育人的丰富发展

众所周知，我国拥有五千年中华优秀传统文化的滋养，拥有饱含时代特征的革命文化底蕴，拥有承前启后、继往开来的社会主义先进文化的积淀，这些富有蓬勃生命力的文化，浸润每个中国人的心田，形成中华民族的文化基因和独特标识，这些丰厚文化的继承和发扬必将筑牢中国特色的文化根基，树立高度的文化自觉和坚定的文化自信。

（二）以文化人、以文育人，精致文化的提出基于立德树人的必然要求

运用精致文化育人，从内容上，以文化整体观带动社会主义核心价值观，充分发挥文

化的凝聚力、感召力和影响力，在传统有形知识的传授基础上，将传统文化中诸如“修身齐家”的家国情怀、“自强不息”的奋斗精神、“海纳百川”的博大胸怀、“舍生取义”的牺牲精神等中华传统美德传递给学生，将革命文化中的长征精神、西柏坡精神、雷锋精神、航天精神、北京奥运精神、抗震救灾精神等奋发向上的文化瑰宝传递给学生，将社会主义先进文化中的中国特色社会主义共同理想、以爱国主义为核心的民族精神和以改革创新为核心的时代精神、社会主义荣辱观等鲜活的文化力量传递给学生。

二、精致文化的内涵和作用

精致文化是精致育人管理模式的重要维度之一。在新时代背景下，无论是经济、政治的发展，还是文化的发展，最终目的都是促进人的发展。文化软实力是一个国家综合实力的重要标志，中国特色社会主义文化是激励全党全国各族人民奋勇前进的强大精神力量。高校是立德树人的摇篮，是文化汇聚的场所，青年学生树立文化自信是实现中华民族文化自信的重要根基，推进高校文化育人必将有益于推进文化的弘扬和繁荣，有利于推动高等学校的内涵式发展，有助于促进青年学生的全面发展。

（一）精致文化的内涵

精致文化是将精益求精、细致周到、追求卓越作为内在的价值取向，将精心规划、精妙设计、精简精细作为外在表征的一种校园文化，属于精致育人模式，以校园环境、规章制度、文化活动、文化精神等形式展现，达到以文化人的终极目标。精致文化的塑造力求在高校中普遍形成精益求精、追求完美的文化气息和核心价值，师生在精致育人理念的引导下，普遍将追求精致作为行为处事的一种方式和态度，是在校园文化中形成文化自信和文化自觉的内在表现。

精致文化将与大学生在校学习、生活息息相关的课堂和寝室作为精致化教育的两大基础阵地，将丰富和完善大学生个性发展和提升综合能力的校园文化作为精致文化教育的重要抓手和有效途径，由此界定了高校思想政治教育中精致文化的外延，明确了精致文化的着力点和落脚点。

精致文化孕育的主体是学生。我们对学生提出“四性”的要求，即被动性、主动性、批判性和建设性。被动性要求学生要尽快适应、接受大学的教育与管理模式；主动性要求学生有意识地培养自身在大学学习、生活中的自主性和参与度，学会自我规划、自我管理、自我服务；批判性要求学生要敢于表达自我、挑战自我，在充分认知和研究学习的基础上，对不合理现象、不适应个人发展情况，有批判意识，树立批判精神；建设性则是要求有意识地培养和锻炼自己为改善环境、改革机制、改变弱点具有建设性的态度和行为。在高校思想政治教育工作者的引导下，学生们自主开展发展个性、全面发展的校园特色文化活动。

推进精致文化育人，从手段上，一方面，以社会主义核心价值观为引领，将传统文化、革命文化和社会主义先进文化同校园文化有机结合，将文化知识转化为人文精神，孕育出具有丰富内涵的精致文化，并且不断推动大学生将精致文化内化于心、外化于行，真正实现精致育人管理模式，达到以文化人、以文育人的目的；另一方面，遵循以人为本的教育原则，充分尊重教育主体的地位，将教师和学生作为文化育人的主体，两者的合力共同创造校园精致文化，在孕育过程中要充分满足学生的需求，按照马斯洛需求层次理论中高层次需要的要求，即满足学生尊重的需求和自我实现的需求，创造学生真正喜欢的文化环境，从而促使文化对学生核心价值、精神面貌、知识水平、综合素质的提升起到积极的影响，以实现立德树人的终极目标。

实现精致育人，从载体上，一方面，将校园文化作为教育的主渠道，通过丰富多彩、形式多样的校园文化，以其独特的文化视角，涵盖德智体美诸多方面，营造浓郁的校园文化氛围，充分发挥文化的感染力、牵引力和教育功能，凝聚学生价值共识，培育学生崇高的理想信念和道德素质，促进学生的全面发展，树立学生的文化自信。另一方面，将“两微一端（微博、微信及新闻客户端）”作为教育的主阵地，当代大学生是互联网的原住民，他们处在一个无人不网、无时不网、无处不网的时代，在营造精致文化的过程中，要通过“两微一端”将精致文化的精髓和精致育人的理念不知不觉、潜移默化、润物无声地传递给学生，使学生获得思想的感化、情感的陶冶、价值的认同和行为的养成。

（二）精致文化作用

精致育人的三个维度是精致思维、精致管理、精致文化。精致管理的初级目标是降低管理能耗、提高管理效益，但仅满足于此还远远不够，应把营建精致文化、促进组织成员形成精致文化自觉作为更高的努力目标。精致文化旨在营造校园良好和谐的文化风尚：求真，以科学精神规范人；求善，以人文精神、伦理道德充实人；求美，以审美情趣、高尚情操陶冶人。精致文化是精致育人模式的重要组成部分，营造精致文化是发挥高校文化育人的重要抓手，是实现高校立德树人根本任务的必然趋势，对推进高校社会主义核心价值观的培育和践行，对促进大学生树立文化自觉、文化自信和文化担当有着重要的现实意义。

1. 精致文化是实现以文化人、以文育人的基石

文化自觉不是直接教出来的，也不是模仿出来的，而是慢慢被影响、感悟和理解出来的，其形成的过程是人在特定文化氛围中耳濡目染的过程，是以文化于心的过程，是人的情感、态度、价值观以及人的认知方式和认知结构逐渐变化的过程。精致文化将“以人为本”作为教育理念，以学生作为主体，通过激发学生的被动性、主动性、批判性、建设性，来实现学生的自我服务、自我管理、自我教育的目标，充分地发挥学生的主观能动性，改变以往学生被动接受的教育模式。一旦形成精致文化，就具有弥漫性、浸润性和持久性，在这种文化环境中工作和学习的人，就会从感知走向感悟、理解，并逐步走向认同。精致文化的凝结和影响，就是使学生将积极向上的价值观念内化于心、外化于行，真正起到以文教化人心的作用。以文化心，心化成人，这是管理的理想境界，更是教育的根本宗旨所在。

2. *精致育人是促进校园文化建设创新发展的助力*

精致文化充分尊重受教育者的主体定位，深入挖掘大学生的潜力和创造力，满足大学生的个性化需求，围绕学生、关注学生、服务学生，根据学生的发展需求精心设计、细致安排、全面规划，将传统的课堂延伸到寝室、校园、网络多阵地，营造适合学生全方位发展的校园文化氛围，构建丰富多彩、覆盖广泛的校园文化主旋律，涉及学业、文体、实践、骨干、班团等方面。精致文化进一步推进校园文化的建设，促进校园文化建设的创新发展。

三、“以文化人”模块构建

在探索精致育人的实践中发现，将校园文化模块化是精致文化的创新举措，必须实现精致模块式的以文化人。精致模块式以文化人主要激发受教育主体的主观能动性。它以具有中华民族独特精神标识的中华传统文化、革命文化、社会主义先进文化为方向，以社会主义核心价值观为统领。在高校思想政治教育工作者的引导和指导下，使大学生自主开展独具特色的校园特色文化活动，实现精致模块式以文化人，包含体育文化、学业文化、寝室文化、骨干文化、班团文化和典礼文化等。

精致模块式以文化人必将引起师生广泛的关注，激发大学生的参与热情，真正发挥精致育人、以文化人、以文育人的巨大作用，促进学生全面发展，推动思想政治教育全过程育人、全员育人、全方位育人，唱响和谐的校园文化主旋律，弘扬校园文化新风尚。

四、精致文化唱响校园文化主旋律

（一）体育文化

教育部、国家体育总局和共青团在全国高校范围内全面启动和广泛开展大学生“走下网络、走出宿舍、走向操场”主题群众性课外体育锻炼活动。增强大学生体质、促进大学生健康成长，是关系国家和民族未来的大事，对于深入贯彻党的教育方针，大力推进素质教育，培养中国特色社会主义事业的合格建设者和接班人具有重要的意义。

以“绿色生活，动感人生”为口号，彰显兴趣、激情、运动的体育文化，唤醒大学生的活力激情，点燃了青春熊火，强健了年轻体魄。

（1）兴趣。体育文化，巧在激发兴趣。通过成立球类、田径类、跳绳、太极拳、晨跑、扔沙包等丰富多彩的兴趣小组，激发大学生的兴趣爱好，吸引学生自发自觉地参与到体育活动之中。

（2）激情。体育文化，旨在唤醒激情。以班级为单位，设置“班级活动日”，组织拔河、平板支撑、仰卧起坐、双人夹球、50 米折返跑等趣味比赛，将体育精神与集体荣誉感紧密结合，促进团结合作。

（3）运动。体育文化，重在多样运动。多样性运动的自主参与，使学生在态度上逐渐实现从“要我运动”到“我要运动”的转变，早起运动成为习惯，告别宅家，打破被懒惰束缚的生活。

（二）学业文化

以“崇尚道德，尊重学习”为口号，彰显勤学、致行、创新的学业文化，充分发掘每名学生的学习潜力，引领大学生在学习的道路上走得更加坚毅，营造和谐向上、开拓进取的学习氛围。

（1）勤学。学业文化，志在勤学好问。线上线下相结合，线上教育引导学生敬畏课堂、尊师重教；线下举办学生学习经验交流、图书漂流等活动，培养学生树立学术精神，培育校园浓厚的学术氛围。

（2）致行。学业文化，旨在灵活运用。通过举办内涵丰富的学术活动和科技竞赛，引领学生学以致用，切实将理论与实践有机结合。

（3）创新。学业文化，意在不断创新。加强对学生创新、创业能力的培养，鼓励学生养成创新思维，通过开展主题讲座，强化学生竞赛指导，鼓励并组织学生积极参加各种比赛。

（三）寝室文化

以“乐享生活，共筑雅舍”为口号，彰显健康、温馨、和谐等寝室文化的“乐活雅舍”系列活动，激励大学生营造健康文明的生活环境，展示青年学生积极向上的文化氛围。

（1）健康。寝室文化旨在追求健康。通过线上推送生活小贴士和生活小窍门，帮助大学生了解健康生活的常识，养成良好的生活习惯。线下定期举办趣味运动会、一路狂奔等大型户外活动，引导学生积极健康的生活，同时达到强身健体的目的。

（2）温馨。寝室文化旨在营造温馨。通过开展“寝室装扮大赛”“寻找最美寝室”“寝室故事征文大赛”“感恩宿管”等形式多样的活动，引导学生美化寝室生活环境，营造家一般的温馨氛围。

（3）和谐。寝室文化旨在推进和谐。定期举行“百变小咖秀”“一站到底知识问答”“谁与争锋智力游戏竞赛”“百家争鸣辩论对抗赛”“缤纷女生节”“精致人生——寝室成长档案”等活动，让学生学会感恩、体味温暖、结交益友，营造和谐的寝室氛围。

（四）骨干文化

骨干文化是精致文化的一个重要环节，其孕育的主体是学生骨干，高校中的学生骨干是学生群体中的杰出代表，是高校学生中的佼佼者，是高校思想政治教育的中坚力量，学生骨干一般包括学生党员、入党积极分子、学生干部、社团负责人等。

加强和改进高校思想政治教育的目的在于培养德才兼备、全面发展的中国特色社会主义合格建设者和可靠接班人，而学生骨干是学生中的精英力量和优秀分子，是沟通学校与学生的重要桥梁，是联系师生的重要纽带，在高校中培养一支理想信念坚定、政治素质过硬、综合能力突出的骨干队伍，在实践中凝练出深深烙印在学生骨干心中的骨干精神，在校园中培育一种正向积极的骨干文化，将真正实现学生骨干的自我管理、自我教育、自我服务，将充分展现学生骨干的先锋带头作用，从而以点带面，以典型带整体，并促进学生的全面发展。

（五）班团文化

班团文化，凝魂聚气，凝练班团之气魄，永聚班团之情谊。班级和团支部是学校最基本的组成单位，班团文化是指班级和团支部内部形成的独特的价值观、共同思想、作风和行为准则的总和。作为精致文化中不可或缺的重要内容，班团文化是形成班集体凝聚力和良好班风的必备条件，更是构成和谐向上校园文化的基本保障。班团文化重在培养学生集体意识、奉献精神，团队合作的能力，坚持将个人民主与集体团结有机融为一体，全面深入推进学生的综合发展。

班团文化要秉承“崇文”“重誉”“明志”的文化内涵。崇文，即尊崇知识、知行合一；重誉，即重视诚信、崇尚荣誉；明志，即开阔视野、志在四方。

（六）典礼文化

高校典礼活动可以说是大学校园文化中必不可少的重大事件，往往具有凝聚价值共识、加强集体认同、传承大学精神、营造校园文化的巨大功能。典礼文化是新时期精致文化的新要求，作为一个用感性手段作为意义符号的象征体系，应当充分发挥典礼文化，以文化人、以文育人的重要使命。面对新形势、新情况、新要求，大学生思想教育工作要运用好“典礼文化”，开展特色鲜明、吸引力强的主题教育活动，深入挖掘典礼文化的育人资源，将校园典礼打造成深受学生喜爱、值得学生期待的盛大的文化教育活动。

在典礼内容上，应体现人才培养和大学教育的一贯要求，体现大学精神和文化特征，将传统的“课堂式、灌输式、程序式”的典礼活动变成一个充满时代气息和青春特色，彰显教育理念和文化品位的“舞台剧”式的教育现场。

在形式设计上，要彰显方法的现代性，即综合运用学生主动追求、乐于接受的各种现代媒介手段；要突出典礼活动现场的“剧场性”，即调动典礼现场的所有视听元素，增强台上台下的现场互动，最大限度地提升参与人员的情感与心理体验。

典礼文化不仅是一项活动、一套仪式，也是显性教育与隐性教育的精密结合，还是精致育人的重要途径，具有促共鸣、传价值、导言行的重要作用。

参考文献

［1］郭纯平．我国高校思想政治理论课实践教学研究［M］．广州：世界图书出版广东有限公司，2014．

［2］杨慧民．高校思想政治理论课案例教学课例研究［M］．北京：高等教育出版社，2012．

［3］张云阁，李德芳．高校思想政治理论课教学案例研究［M］．北京：中国社会科学出版社，2012．

［4］戴钢书．高校思想政治理论课实践教学论［M］北京：中国人民大学出版社，2015．

［5］周长明．大课堂观视域下的高校思想政治理论课实践教学改革探究［M］．成都：西南交通大学出版社，2012．

［6］王虹，刘智．新媒体时代高校思想政治教育创新研究［M］．北京：中国社会科学出版社，2012．

［7］季海菊．新媒体时代高校思想政治教育的结构与重塑［M］．南京：东南大学出版社，2014．

［8］金建龙．新时代背景下高校思想政治教育“精致育人”模式研究［M］．北京：经济管理出版社，2018．

［9］林晶．高校思想政治教育立体化模式构建研究［M］．北京：人民出版社，2017．

［10］刘社欣．高校思想政治理论课实践育人模式创新研究［M］．广州：世界图书出版广东有限公司，2013．

［11］刘韵清，周晓阳．开放性教学论——高校思想政治理论课开放性教学新模式研究［M］．成都：巴蜀书社，2010．

［12］刘社欣．思想政治教育合力研究［M］．北京：人民出版社，2013．

［13］顾胜贤．精细化管理模式在高校学生管理工作中的运用研究［J］．考试周刊，2017（A2）：189．

［14］张松艳，张志刚．精细化管理的探索与实践［J］．中国市场，2017（33）：172，179．

［15］胡纵宇，黄丽亚．大数据时代大学生思想政治教育面临的问题及应对［J］．学校党建与思想教育，2014（13）：64－66．

［16］沈壮海．专题概述：构建系统呈现大学生思想状况的大数据［J］．思想教育研究，2015（11）：44．